독일어 능력시험

Start Deutsch I

문법. 회화. 독해

완/벽/대/비

스타트 독일어 I

이성만 지음

신아사

본문에 사용된 약어 설명

r = der(남성), **e** = die(여성), **s** = das(중성)

f = feminin 여성, **m** = maskulin 남성, **n** = neutral 중성

N = Nominativ 주격/1격, G = Genitiv 속격/2격,

D = Dativ 여격/3격, A = Akkusativ 대격/4격

jm.1 jemand 사람 1격

jm.3 jemand 사람 3격

jm.4 jemand 사람 4격

et.1 etwas 사물 1격

et.3 etwas 사물 3격

et.4 etwas 사물 4격

z.B. zum Beispiel 예

sg. = singular 단수, **pl.** = plural 복수

스타트 독일어 I

머리말

글로벌 시대의 외국어 교육은 외국어의 단순한 습득이 아닌 관련 국가에 관한 이해의 깊이와 폭을 더해 줄 수 있는 것이라야 할 것입니다. 그동안 우리나라에서 출판된 외국어 교재들을 보면 이런 경향은 절대적으로 반영되고 있습니다. 영어나 중국어 같은 글로벌 외국어가 그렇습니다. 그러나 유독 한국에서 관심 밖으로 밀려난 독일어는 이런 경향을 반영할 만한 여유조차 없었습니다.

그런데 유럽에서 가장 많은 국가가 공식어로 사용하는 언어, 유럽에서 가장 많은 인구가 사용하는 언어는 무엇일까요? 정답은 독일어입니다. 독일, 스위스, 오스트리아, 리히텐슈타인 등 4개 국가가 국어로 사용하고 있고, 8천만 명이 넘는 독일 인구에 오스트리아와 스위스의 독일어권 그리고 리히텐슈타인의 인구를 더하면 당연히 독일어를 사용하는 인구가 유럽에서 가장 많게 됩니다. 이처럼 독일어는 쓸모 있는 외국어입니다. 독일의 경제규모를 생각하면 독일어의 가치는 더욱 커질 수 있습니다. 그러니 독일어에 대한 관심은 선택이 아니라 필수라 할 수 있습니다.

이번에 출간하게 되는 〈스타트독일어1〉은 유럽연합이 제시한 〈유럽언어참조기준〉의 [Start Deutsch 1]의 수준(초급1과정)을 고려하여 우리 학생들이 이에 대응할 수 있는 독일어 지식과 지역사정을 종합적으로 습득할 수 있도록 집필된 것입니다. 특히 다음과 같은 점에서 독일어에 관심을 가진 학생들에게 유용한 교재로 생각됩니다.

첫째, 문법과 관련 연습은 회화와 독해에 기본이 되는 기본적인 지식을 강의식으로 정리하고 있습니다.

둘째, 회화(말하기)는 단순히 구문연습을 하는 기존의 방식을 지양하고 특정 주제와 관련된 표현과 관련 상황을 익힐 수 있도록 꾸몄습니다. 독일의

문화와 관련된 특정 주제를 중심으로 가벼운 대화나 토론을 연습하기에도 좋을 것입니다.

셋째, 독해(읽기)는 학습자가 읽고 이해할 수 있는 능력을 향상시킬 수 있도록 독일 학생들의 일상생활에서 사용되는 어휘와 구문을 중심으로 주제별로 구성하였습니다. 이 부분은 특히 학습자에게 유용한 '특정 주제로 짧은 글쓰기' 훈련에도 도움이 될 것입니다.

이 책이 다른 책들과 차별화되는 부분은 〈상식〉 등의 칼럼을 통하여 독일어와 독일어권 생활문화를 덤으로 배울 수 있다는 점입니다. 이는 각 장의 말하기와 읽기에도 많은 도움이 될 뿐 아니라 독일에 관한 생활지식을 통하여 독일의 정신과 우리의 정신을 상호 비교분석하면서 토론할 수 있는 기틀도 될 것입니다.

이 책은 필자의 순수한 창작품은 아닙니다. 그 동안 대학에서 강의하면서 만든 강의록과 독일에서 출판된 관련 서적들이 이 책을 집필하는 데 많은 도움이 되었습니다. 원고를 읽고 꼼꼼한 지적을 마다 않은 도리안 정 교수에게도 감사드립니다. 그러나 이 책에서 발견되는 모든 오류는 필자의 부족한 역량 탓입니다.

이 책을 통하여 독일어 어학능력시험에 관심 있는 학생들이 독일과 독일어에 한 걸음 더 다가갈 수 있는 동기가 심어질 수 있다면 필자에게는 이보다 더한 기쁨은 없을 것입니다.

2016년 2월
연자봉 연구실에서 지은이

스타트 독일어 I

차 례

워밍업

● 독일어에 관한 몇 가지 상식들

1. 독일어의 자모(알파벳)

- 독일어 철자는 26개의 자음과 모음으로 구성되어 있습니다.

A a [ɑ:]	아-	**K k [kɑ:]**	카-	**U u [u:]**	우-
B b [be:]	베-	**L l [ɛl]**	엘	**V v [fau]**	파우
C c [tse:]	체-	**M m [ɛm]**	엠	**W w [ve:]**	베-
D d [de:]	데-	**N n [ɛn]**	엔	**X x [iks]**	익스
E e [e:]	에-	**O o [o:]**	오-	**Y y[ʏpsilɔn]**	윕실론
F f [ɛf]	에프	**P p [pe:]**	페-	**Z z [tsɛt]**	쳇
G g [ge:]	게-	**Q q [ku:]**	쿠-	**-ß [ɛs'tsɛt]**	에스쳇
H h [hɑ:]	하-	**R r [ɛr]**	에르	**Ä ä [ɛ:]**	애-
I i [i:]	이-	**S s [ɛs]**	에스	**Ö ö [ø:]**	외-
J j [jɔt]	요트	**T t [te:]**	테-	**Ü ü [y:]**	위-

- 독일어 발음은 대부분 기본적으로 철자의 발음과 비슷합니다. 예컨대 Frau는 [frau]로 읽으면 되는 식입니다.
- 물론 몇 가지 예외도 있습니다.
  모음: 어말의 _e → [ə], ie → [i:], ei → [ai], eu/äu → [oi] 등
  자음: 어말의 _b, _d, _g → [p, t, k], st/sp → [ʃt, ʃp] 등
- c는 외래어에서는 홀로 쓰이지만(예, ***Café***...), 토착어에서는 다른 글자와 결합해서만 나타납니다(예, ***ch, ck***).
- 같은 자음이 겹쳐 쓰이면 앞 모음이 단모음이란 뜻입니다(예, ***immer, wollen, Mutter***).
- z자가 겹쳐 쓰이면 tz로 쓴답니다(예, ***setzen, Platz***). tz는 [ts], 즉 [츠/쯔]로 발음됩니다.

- ß와 ss의 차이: ss는 앞 모음이 단모음일 때(예, ***müssen***), ß는 앞 모음이 장모음일 때(예, ***Fuß***) 쓰입니다. 그러나 발음은 둘 다 [s]로 한답니다.
- h는 단어의 첫머리에서만 [h]로 소리가 나고(예, ***Haus, Hand, Inhalt***), 그 밖에서는 h의 앞 모음이 장모음임을 표시하는, 소리가 나지 않는 묵음입니다(예, ***gehen, stehen, nehmen, zehn***). ***Inhalt***의 ***in***은 전철(접두사, Präfix)이므로 h는 [h]로 발음된답니다.

2. 독일어 단어의 특징

- 모든 명사는 문법적인 성(Genus), 곧 남성, 중성, 여성의 성이 있습니다.
  예: Vater(아버지, 남성(m)), Mutter(어머니, 여성(f)), Buch(책, 중성(n))
- 명사의 첫 글자는 대문자로 표기합니다.
  Kind, ***M***ann, ***F***rau, ***L***ehrer, ***F***reund ......
- 독일어 사전은 단어가 어떤 품사에 속하는가를 표시해줍니다. 문장에서는 동사, 형용사, 명사가 사전에서 발견할 수 없는 형태를 가질 수 있음에 주의해야 합니다. 네이버독일어사전을 예로 들면, 표제어 gehen은 원형동사이고, 예문의 geht는 es(영어의 it)라는 3인칭 단수 인칭대명사에 의해 활용 변화를 한 형태입니다. 사전에서 동사를 찾을 때는 활용변화를 한 geht가 아니라 그의 원형동사인 gehen을 찾아야 합니다.

gehen [geːən]

[자동사]

1. 걷다, 보행하다, 걸어가다
2. 가다, 떠나다, 나가다; 출발하다; (탈것이) 떠나다
   Wie geht es (Ihnen)? 안녕하십니까?/Es geht mir gut. 나는 잘 지냅니다.

- 명사, 형용사는 격(주격(N), 속격(G), 여격(D), 대격(A))에 따라 어미변화를 하고, 동사는 인칭(1인칭, 2인칭 3인칭)과 수(단수, 복수)에 따라 활용 변화를 합니다. 그리고 존칭(Sie, 항상 대문자로 시작함)은 2인칭으로서 단수와 복수가 동일합니다.

1격(주격)	der kluge Mann	저 똑똑한 남자***는***
2격(속격)	des klugen Mannes	저 똑똑한 남자***의***
3격(여격)	dem klugen Mann	저 똑똑한 남자***에게***
4격(대격)	den klugen Mann	저 똑똑한 남자***를***

단수	1인칭 ich	geh***e.***	나는 걸어간다.
	2인칭 du	geh***st.***	너는 걸어간다.
	3인칭 er	geh***t.***	그는 걸어간다.
복수	1인칭 wir	geh***en.***	우리는 걸어간다.
	2인칭 ihr	geh***t.***	너희들은 걸어간다.
	3인칭 sie	geh***en.***	그들은 걸어간다.
존칭	단수 Sie	geh***en***	당신은 걸어갑니다.
	복수 Sie	geh***en.***	당신들은 걸어갑니다.

- 독일어 동사에는 기본동사(*gehen, kommen, ...*)와 복합동사(*ausgehen, ankommen, ...*)가 있습니다. 기본동사는 어간(*geh-*)과 어미(*-en*)로 구성된 단순동사이고, 복합동사(예, *ausgehen*)는 기본동사(*gehen*) 앞에 접두사(*aus-*)가 첨가된 합성동사입니다.
- 독일어 조동사(화법조동사, 미래조동사, 수동조동사, ...)는 영어의 그것과 비슷하지만, 용법은 영어보다 훨씬 다양하답니다.

  Ich ***muss*** Deutsch. (müssen(= must): 본동사) 나는 독일어를 해야 한다.

  Ich ***werde*** Lehrer. (본동사) 나는 선생이 되겠다.

  Ich ***werde*** Lehrer ***werden.*** (앞: 미래조동사, 뒤: 본동사) 나는 선생이 될 것이다.

  Er ***wird*** von mir geschlagen. (수동조동사) 그는 나에게 두들겨 맞는다.

- 전치사는 영어와는 달리 격 지배(2격, 3격, 4격, 3/4격)를 합니다.

  Wegen des Wetters bleibe ich zu Hause. (2격 지배) 날씨 때문에 나는 집에 있겠다.

  Ich komme ***aus*** Korea. (3격 지배) 나는 한국에서 왔다.

  Ich warte ***auf*** den Bus. (4격 지배) 나는 버스를 기다리고 있다.

독일어능력시험 Start Deutsch I 완벽대비

문법 · 회화 · 독해

스타트 독일어 I

제1장

주어로 사용되는 인칭대명사는 인칭에 따른 동사의 활용변화를 이끌어내는 중요한 품사입니다.

인칭대명사는 인칭, 성, 수에 따라 형태를 달리합니다.

- 인칭에는 1인칭, 2인칭, 3인칭이 있습니다.
- 단수 3인칭 대명사에는 남성(er), 여성(sie), 중성(es)이 있습니다.
- 수에는 단수와 복수가 있습니다.

01 · Grammatik

1. 인칭대명사

	단수	복수
1인칭	ich 나는	wir 우리는
2인칭	du 너는(친칭) Sie 당신은(존칭)	ihr 너희들은(친칭) Sie 당신들은(존칭)
3인칭	er 그 남자는 sie 그 여자는 es 그것은 man 사람(들)은	sie 그들은

이 장에서는 인칭대명사 ich와 Sie를 배우고, 다른 종류들은 다음 장에서 자세히 배우게 됩니다.

2. 동사 (활용)어미

- 동사는 행위와 상태를 표현합니다. 이 장에서는 **heißen, kommen, wohnen** 동사를 만나는데, 우리가 사전이나 색인에서 발견하게 되는 동사의 형태를 부정사 또는 **원형동사**라고 합니다.

미니사전

wo = 어디에서(= where)
woher = 어디에서, 어디로부터(= where … from)
wohnen = …에서 거주하다, 살고 있다(= live),
kommen = come

- 부정사(예, **wohnen**)는 어간(**wohn-**)과 어미(**-en**)의 두 부분으로 나눌 수 있습니다. 어미는 다시 주어의 인칭(예, **ich**, **Sie**)에 따라 변화합니다.

인칭 대명사	wohn-en	komm-en	heiß -en	어미
ich	wohn-**e**	komm**e**	heiß **e**	**-e**
Sie	wohn-**en**	komm**en**	heiß **en**	**-en**

3. 어순

- 독일어 문장에서 동사는 항상 두 번째에 위치합니다(의문사 없는 질문은 제외).
- 진술(평서문):

Ich Ich Ich	**heiße** **komme** **wohne**	Schmidt. aus Berlin. in Köln.	나는 슈미트라고 합니다. 나는 베를린에서 왔습니다. 나는 쾰른에 살고 있습니다.

- 의문사 질문: 영어에 What?, Who?, Where? 등으로 시작하는 질문들이 있는데, 이들을 **Wh-**질문(의문사 질문)이라고 합니다. How? 질문도 이 범주에 들어갑니다. 독일어에서는 이런 질문이 **W-**로 시작하므로 W-질문이라고 합니다.

미니사전

Wo wohnen Sie? = Where do you live?,
Woher kommen Sie? = Where do you come from?

Wie **Woher** **Wo**	heißen kommen wohnen	Sie? Sie? Sie?	이름이 어떻게 됩니까? 어디서 오셨습니까? 어디에 살고 계십니까?

언어 상식 **관습과 전통**

독일어의 명사는 모두 대문자로 시작합니다.

Guten **T**ag. Guten **M**orgen. Guten **A**bend.

Gute **N**acht. Mein **N**ame ist Claudia.

그런데 Gut**en** Tag과 Gut**e** Nacht에서 왜 한 번은 gut 다음에 ***-en***이 오고 다른 한 번은 ***-e***가 올까요? 독일어의 모든 명사는 남성, 여성, 중성의 성이 있고 또 형용사도 이 명사의 성과 수 그리고 동사의 격 지배에 따라 이른바 '(격)어미' 변화를 하는 때문입니다. 더 자세한 것은 뒤에서 배우게 됩니다.

독일 상식 **독일에 관한 기본 지식**

- 독일어를 모국어로 사용하는 전 세계인구가 약 1억 5백만명 (세계 순위 10위, 2015년)이나 됩니다.
- 한국은 도쿄 표준시를 사용하므로 독일보다 7-8시간 (Summer time / Winter time) 빠릅니다.
- 한국에서 비행기로는 약 11-12시간 정도 걸리는 먼 거리에 있습니다.

02 · Übungen

01 질문에 맞는 대답을 찾아보세요.

a. Guten Morgen, Herr Becker!

- □ Hallo! Wie heißen Sie?
- □ Guten Morgen, Frau Mönch!
- □ Guten Tag! Ich heiße Susanne Müller.

b. Guten Abend! Mein Name ist Klaus Werner. Wie heißen Sie?

- □ Guten Abend! Ich komme aus Köln.
- □ Guten Abend! Und wie heißen Sie?
- □ Guten Abend! Mein Name ist Heinz Gruber.

c. Guten Abend! Wie ist Ihr Name, bitte?

- □ Das ist Anke Möllermann.
- □ Guten Tag! Ich heiße Michael Querheim.
- □ Mein Name ist Schmidt - Hans Schmidt.

01

해석

a. 안녕하세요, 베커 씨!
□ 안녕하세요! 성함이 어떻게 되죠? □ 안녕하세요, 묀히 부인!
□ 안녕하세요! 저는 수잔네 뮐러라고 합니다.
b. 안녕하세요! 제 이름은 클라우스 베르너입니다. 성함이 어떻게 되죠?
□ 안녕하세요! 저는 쾰른에서 왔습니다. □ 안녕하세요! 그런데 성함이 어떻게 되죠?
□ 안녕하세요! 제 이름은 하인츠 그루버입니다.
c. 안녕하세요! 당신 성함이 어떻게 되지요?
□ 이분은 앙케 묄러만입니다. □ 안녕하세요! 저는 미하엘 크베르하임입니다.
□ 제 이름은 슈미트, 한스 슈미트입니다.

정답

a. - Guten Morgen, Frau Mönch!,
b. - Guten Abend! Mein Name ist Heinz Gruber.
c. - Mein Name ist Schmidt - Hans Schmidt.

02 Wo? Woher? Wie? 빈칸에 알맞은 의문사를 넣어보세요.

a. (   ) heißen Sie?

b. (   ) wohnen Sie?

c. (   ) kommen Sie?

d. (   ) ist Ihr Name?

02

해석

a. 성함이 어떻게 됩니까?
b. 당신은 어디에서 살고 계십니까?
c. 당신은 어디서 오셨습니까?
d. 당신 이름이 어떻게 되지요?

정답

a. Wie b. Wo c. Woher d. Wie

03 -e, -en? 밑줄 친 곳에 알맞은 어미를 넣어보세요.

a. Ich heiß___ Johannes Gutenberg. Wie heiß___ Sie?

b. Ich wohn___ in Berlin. Wo wohn___ Sie?

c. Ich komm___ aus Großbritanien. Woher komm___ Sie?

03

해석

a. 저는 요하네스 구텐베르크라고 합니다. 성함이 어떻게 됩니까?

b. 저는 베를린에 살고 있습니다. 당신은 어디에 사십니까?

c. 저는 영국에서 왔습니다. 당신은 어디서 왔습니까?

정답

a. -e, -en b. -e, -en c. -e, -en

언어 상식 **인사, 성명, 나이, 출신으로 자기소개하기**

- 인사: Guten Morgen.
- 성명: Ich heiße + 성명(Kati Fischer).
- 나이: In bin + 숫자(20 = zwanzig) + (Jahre alt).
- 국가: Ich komme aus + 국가(Korea).

● 참고로 독일 사람에게 자기소개를 할 때 대개 나이는 생략합니다.

독일 상식 **독일을 빛낸 발명가들**

- 구텐베르크(Johannes Gutenberg) - 인쇄술(Buchdruck)
- 슈타이프(Margarete Steiff) - 테디베어(Teddybär)
- 다임러+벤츠(Gottlieb Daimler, Carl Benz) - 자동차(Automobil)

03 · Sprechen

Guten Tag; Hallo!

1. Ich heiße ... 저는 …이라고 합니다

Guten Tag, ich heiße Steffi Graf. 안녕하세요, 저는 슈테피 그라프라고 합니다.

Hallo. Mein Name ist Nina Hagen. 안녕. 내 이름은 네나 하겐이야.

Guten Tag, Mein Name ist Harald Schmidt.
안녕하세요, 제 이름은 하랄트 슈미트입니다.

Hallo. Ich heiße Markus. 안녕. 나는 마르쿠스라고 해.

미니사전

Guten Tag 안녕(하세요), Hallo 'hello', Ich heiße … = I am called …, Mein Name ist … = 'My name is …'

2. Wie ist Ihr Name? 당신 이름이 어떻게 되죠?

- Guten Tag. Wie heißen Sie? 안녕하세요. 당신 이름이 어떻게 되죠?
- Ich heiße Elisabeth Schuhmacher. 저는 엘리자베트 슈마허라고 합니다.

- Wie ist Ihr Name, bitte? 당신 이름이 어떻게 되죠?
- Mein Name ist Paul Schneider. 제 이름은 파울 슈나이더입니다.

- Und Sie? Wie heißen Sie? 그리고 당신은? 당신은 이름이 어떻게 되죠?
- Ich heiße Bianca Schulz. 저는 비앙카 슐츠라고 합니다.

- Guten Abend. Wie ist Ihr Name, bitte? 안녕하세요. 당신 이름이 어떻게 되죠?
- Mein Name ist Zuse, Konrad Zuse.

제 이름은 추제, 콘라트 추제라고 합니다.

미니사전

bitte 'please', Wie ist Ihr Name? 'What is your name?',
Guten Abend 'Good evening', Wie heißen Sie? 'What are you called?'

독일 상식 **인사하기(Begrüßung)**

만남 : Hallo! Guten Morgen! Guten Tag! Guten Abend! Gute Nacht!
작별 : Auf Wiedersehen! Tschüs!

독일 사람들은 언제 어디서든, 예컨대 엘리베이터, 기차, 가게 등에서 낯선 사람들과도 습관적으로 가볍게 인사를 나눕니다. 독일어도 영어처럼 아침, 낮, 저녁을 나누어서 인사를 한답니다. 그런데 낮에 하는 인사말 "Guten Tag!"을 하루 중 가장 많이 사용합니다. 대개는 오전 10시 무렵부터 오후 4-5시까지 이 인사말을 사용하지요.

Hallo! = 안녕! (가벼운 인사, 주의 환기, 전화할 때 = Hello!)
Guten Morgen! = 안녕(하세요)! (아침 인사 = Good morning!)
Guten Tag! = 안녕(하세요)! (낮, 오후 인사 = Good afternoon!)
Guten Abend! = 안녕(하세요)! (저녁 인사 = Good evening!)
Gute Nacht! = 안녕히 주무세요! 잘 자! (밤 인사 = Good night!)

Auf Wiedersehen! = 안녕히 가세요! (헤어질 때 = Good bye!/See you again!)
Tschüs! = 안녕! (헤어질 때 = bye!)

독일 상식 **독일에서 가장 흔한 성(Familienname)은?**

1. Müller (제분소 직공),
2. Schmidt (대장장이),
3. Meyer/Meier/Mayer (관리인),
4. Schneider (재단사),
5. Fischer (어부),
6. Becker/Bäcker (빵집주인),
7. Schulz (마을 이장)

04 · Lesen

Ein Unfall 사고

Polizist Wie heißen Sie, bitte? 성함이 어떻게 됩니까?

Frau Weber Ich heiße Gertrud Weber. 게르투르트 베버라고 합니다.

Polizist Weber, Gertrud … Und Sie? Wie ist Ihr Name?
베버, 게르투르트 … 그리고 당신은? 성함이 어떻게 됩니까?

Herr Braun Mein Name ist Braun, Martin Braun.
제 이름은 브라운, 마르틴 브라운입니다.

Polizist Braun, Martin … Und Sie? Wie heißen Sie?
브라운, 마르틴 … 그리고 당신은? 성함이 어떻게 됩니까?

Herr Schwarz Ich heiße Boris Schwarz. 저는 보리스 슈바르츠라고 합니다.

Polizist Schwarz, Boris … 슈바르츠, 보리스 …

읽고 물음에 대답해 봅시다.

01 첫 번째 사람의 이름은 무엇인가요?

□ Gertrud Weber □ Gerda Gruber □ Gertrud Huber

02 두 번째 사람의 이름은 어떻게 되지요?

□ Martin Baumann □ Markus Braun □ Martin Braun

03 세 번째 인물의 이름은 무엇인가요?

□ Boris Schulz □ Boris Schwarz □ Moritz Schulz

정답

01
Gertrud Huber
02
Martin Braun
03
Boris Schwarz

독일 상식 **관습과 전통**

독일 사람들은 만나고 헤어질 때 자주 악수를 하지요. 또한 그들은 자신을 소개하거나 전화를 받을 때에만 흔히 자신의 성을 말합니다.

호칭 **Herr** …와 **Frau** …는 영어의 **Mr** …와 **Mrs** …처럼 흔하게 사용되지만, **Fräulein**은 영어의 Miss와는 달리 독일어에서는 별로 사용되지 않지요. 18세 이상의 여성은 결혼 여부와는 상관없이 주로 **Frau** …로 호칭 한답니다.

언어 정보 **b, d, g가 어말에 오면 발음은?**

- **Gertrud, Konrad** - '게르트루트', '콘라트', 즉 d가 어말에 오면 [t]로 발음됩니다.
- **Tag** - '탁', 즉 **g**가 어말에 오면 [**k**]로 발음됩니다.
- **schrieb** - '슈리프', 즉 **b**가 어말에 오면 [**p**]로 발음됩니다.

제2장

01 · Grammatik

1. 동사의 활용어미

인칭＼부정사	kommen	hören	wohnen	arbeiten
ich	komm-**e**	hör-**e**	wohn-**e**	arbeit-**e**
Sie	komm-**en**	hör-**en**	wohn-**en**	arbeit-**en**
er/sie	komm-**t**	hör-**t**	wohn-**t**	arbeit-**et**

※ **arbeit-en**처럼 동사 어간이 **t**로 끝나면 발음이 잘 되도록 어간과 어미 사이에 **e**-를 넣어줍니다(⇨ er **arbeit-et**).

2. 문장에서 nicht의 위치

Ich wohne in London. 나는 런던에서 살고 있다.

Anke wohnt **nicht** in London. 앙케는 런던에서 살고 있지 않다.

- 부사어(= *in London*) 앞에 nicht가 오면 문장 전체가 부정됩니다.

3. nicht ..., sondern ... /not ..., but ...

München liegt in Deutschland. 뮌헨은 독일에 있다.

Wien liegt **nicht** in Deutschland, **sondern** in Österreich.

빈은 독일이 아니라 오스트리아에 있다.

언어 정보 **국가명의 기본 성은 중성, 여성/남성 및 복수도 있음!**

- 중성: Deutschland, Belgien, Dänemark, Frankreich, Griechenland….
  독일, 벨기에, 덴마크, 프랑스, 그리스 ….
- 여성 및 남성: die Schweiz, die Türkei, der Iran
  스위스, 터키, 이란
- 복수: die Niederlande, die USA
  네덜란드, 미국

Ich wohne in Deutschland. 나는 독일에서 살고 있다.

Ich wohne in der Schweiz. 나는 스위스에서 살고 있다.

Ich wohne in den Niederlanden. 나는 네덜란드에서 살고 있다.

왜 이렇게 사용되는지는 뒤에서 자세히 설명합니다.

언어 정보 **발음 조언!**

- **ei → [ai]** : B*ei*spiel, h*ei*ßen, W*ei*n, Einst*ei*n

  참 특이하게 발음하지요. [에이]가 아니라 [아이]로, 그래서 Beispiel도 [바이슈필]로, Wein도 [바인]으로 읽는 답니다.

- **ie → [i :]** : D*ie*trich, S*ie*, W*ie*n

  이것도 [이에]가 아니라 [이 :]라고 길게 읽습니다. 그래서 Wien도 짧게 [빈]이라고 하지 않고 길게 [비 : 인]이라고 읽습니다.

다음의 문장을 독일어로 읽으면 이렇게 됩니다.

[이히 트링케 바인 인 비:인]

Ich trinke Wein in Wien. I drink wine in Vienna.

나는 빈에서 와인을 마시고 있다.

02 · Sprechen

Wie geht es Ihnen?

1. Sehr gut ... schlecht 아주 좋습니다 … 나쁩니다

◆ Dialog 1

- Guten Tag, Frau Wagner. Wie geht es Ihnen?
  안녕하세요, 바그너 부인. 어떻게 지내세요?
- Gut, danke, Frau Müller. Und Ihnen?
  잘 지냅니다. 감사합니다, 뮐러 부인. 그런데 당신은 어떻게 지내십니까?
- Sehr gut, danke. 아주 잘 지내고 있습니다. 감사합니다.
- Das freut mich. 반갑습니다.

◆ Dialog 2

- Guten Morgen, Herr Schulz. Wie geht es Ihnen heute?
  안녕하세요, 슐츠 부인. 오늘 어떻습니까?
- Nicht so gut, Frau Koch. Und Ihnen?
  별로 좋지 않습니다. 코흐 부인. 그런데 당신은 어떠세요?
- Danke, es geht. 감사합니다. 그저 그래요.

◆Dialog 3

- Guten Abend, Herr Krämer. Wie geht's?
  안녕하세요, 크래머 부인. 어떻게 지내십니까?
- Ausgezeichnet. Vielen Dank, Herr Schmidt. Und Ihnen?
  정말 좋아요. 정말 감사합니다, 슈미트 씨. 그런데 당신은 어떻게 지내십니까?
- Na ja, es geht. 아 예, 그저 그래요.

미니사전

Wie geht es Ihnen? = How are you? Wie geht's? = How are you? Das freut mich. = I am pleased. nicht 'not', heute 'today', na ja 'oh'

언어 정보 **기분이 좋고 나쁨의 정도 표현**

ausgezeichnet - sehr gut - gut - es geht - nicht (so) gut - schlecht

← ○ →

기분의 정도: 왼쪽으로 갈수록 좋고, ○은 중립, 오른쪽으로 갈수록 나쁨

03 · Lesen

Im Büro 사무실에서

Frau Bachmann Guten Tag, Frau Huber! 안녕하세요, 후버 부인!

Frau Huber Tag, Frau Bachmann! Und wie geht's Ihnen?
안녕하세요, 바흐만 부인! 그런데 어떻게 지내세요?

Frau Bachmann Na ja … Mir geht's heute nicht so gut.
아 예 … 오늘은 별로네요.

Frau Huber Das tut mir aber leid. 정말 유감이네요.

Frau Bachmann Und Ihnen? Wie geht's Ihnen denn?
그런데 당신은요? 당신은 어떠세요?

Frau Huber Mir geht's wirklich sehr gut … 저는 정말 잘 지내고 있습니다. …

미니사전

mir geht es gut / Mir geht's gut = I am fine, Das tut mir leid = I am sorry about that(참 안 됐네요) wirklich = 정말(='really')

Woher kommen diese Leute? 이 사람들은 어디서 오신 분들이죠?

Rainer Görner kommt aus Berlin. Aber er wohnt nicht mehr in Berlin. Er wohnt jetzt in Frankfurt am Main. Frankfurt ist in Deutschland.

라이너 괴르너는 베를린에서 왔다. 그러나 그는 베를린에 살지는 않는다. 그는 지금은 마인 강변의 프랑크푸르트에 살고 있다. 프랑크푸르트는 독일에 있다.

Martina Schümer kommt aus Basel. Sie wohnt noch in Basel. Basel liegt nicht in Deutschland, sondern in der Schweiz.

마르티나 쉬머는 바젤에서 왔다. 그녀는 여전히 바젤에서 살고 있다. 바젤은 독일에 없고 스위스에 있다.

Susanne Vermeulen kommt aus Brüssel in Belgien. Sie wohnt aber nicht mehr dort. Sie arbeitet jetzt im Hotel Lindenhof in Düsseldorf.

수잔네 페르모일렌은 벨기에의 브뤼셀 출신이다. 그녀는 그곳에 살고 있지 않다. 그녀는 현재 뒤셀도르프에 있는 린덴호프 호텔에서 일하고 있다.

미니사전

nicht mehr = no longer, noch 'still', liegen …에 위치하다
nicht…sondern 'not… but', aber 'however', dort 'there', arbeiten 'to work', schön 'beautiful, nice'

내용과 일치하면 richtig, 일치하지 않으면 falsch!

a. Rainer Görner wohnt jetzt in Frankfurt am Main, in Deutschland.

b. Martina Schümer kommt aus Basel und wohnt noch in Basel.

c. Susanne Vermeulen kommt aus Delft in den Niederlanden.

해석

a. 라이너 뢰르너는 지금 독일에 있는 마인 강변의 프랑크푸르트에 살고 있다.

b. 마르티나 쉬머는 바젤 출신이고 여전히 바젤에서 살고 있다.

c. 수잔네 페르모일렌은 네덜란드에 있는 델프트에서 왔다.

정답

richtig : a, b, falsch : c

제3장

01 · Grammatik

1. 기수(Zahlen)

1 eins **2** zwei **3** drei **4** vier **5** fünf **6** sechs **7** sieben
8 acht **9** neun **10** zehn

〈참고〉 전화/라디오에서는 **zwei**를 **drei**와 구별하고자 **zwo**라고도 하지요.

11 elf	**12** zwölf	**13** dreizehn	**14** vierzehn
15 fünfzehn	**16** sechzehn	**17** siebzehn	**18** achtzehn
19 neunzehn	**20** zwanzig		
30 dreißig	**40** vierzig	**50** fünfzig	**60** sechzig
70 siebzig	**80** achtzig	**90** neunzig	**100** hundert

〈참고〉 독일어 숫자는 한 단어로 쓰는데, 독일 사람들은 우리와는 달리 긴 단어로 보지 않습니다. **199**는 **einhundertneunundneunzig**가 됩니다.

언어 정보 **전화번호, 팩스번호, 번지, 로또번호 읽고 쓰기**

- Welche Telefonnummer(TN) haben Sie?
  당신은 어떤 전화번호를 가지고 있습니까(전화번호가 어떻게 되지요)?
  Meine Telefonnummer ist ……. 내 전화번호는 … 입니다.
- Wie ist Ihre Handynummer(FN)? 당신의 핸드폰번호는 어떻게 됩니까?
  Meine Handynummer ist …… . 내 핸드폰번호는 …입니다.
- Wie ist Ihre Hausnummer(HN) oder Zimmernummer?
  당신의 집 번지 또는 방 호수는 어떻게 됩니까?
  Meine Hausnummer ist ……. 나의 집 번지는 …입니다.

	쓰기	읽기
TN 전화번호	07 11 23 38 41	null sieben elf dreiundzwanzig achtunddreißig einundvierzig 눌 지번 엘프 드라이운트츠반치히 아하트운트드라이시히 아인운트피어치히
HN 핸드폰번호	07 11 24 89 02	null sieben elf vierundzwanzig neunundachtzig null zwei 눌 지번 엘프 피어운트츠반치히 노인운트아흐트치히 눌 츠바이
HN/ZN 집번호/방호수	193	hundertdreiundneunzig 훈더트운트드라이운트노인치히

〈참고〉 Die Lottozahlen : 6 8 14 23 26 46 und die Zusatzzahl : 22
로또번호 : 6 8 14 23 26 46 그리고 보너스 숫자: 22

2. 동사의 활용변화

- 독일어 동사는 인칭과 수에 따라 활용변화를 하는 형태에 따라 '규칙동사'와 '불규칙동사'로 나눠집니다.
- 규칙동사는 동사 어간은 바뀌지 않고 어미만 인칭과 수에 따라 변화하는 동사입니다.
- 불규칙동사는 대부분 단수 2인칭과 3인칭에서 동사 어간의 모음도 바뀌고 어미도 인칭과 수에 따라 바뀌는 동사입니다.

(1) 규칙동사

단수			복수		
ich	komm-**e**	arbeit-**e**	**wir**	komm-**en**	arbeit-**en**
du	komm-**st**	arbeit-**e-st**	**ihr**	komm-**t**	arbeit-**e-t**
Sie	komm-**en**	arbeit-**en**	**Sie**	komm-**en**	arbeit-**en**
er/sie	komm-**t**	arbeit-**e-t**	**sie**	komm-**en**	arbeit-**en**

〈참고〉 **arbeiten**은 인칭대명사 3인칭 **er/sie**에서는 발음 때문에 추가로 **e**-가 필요하지요(⇨ er arbeit-e-t, sie arbeit-e-t).

(2) 불규칙동사

단수			복수		
ich	sprech-**e**	fahr-**e**	**wir**	sprech-**en**	fahr-**en**
du	sprich-**st**	fähr-**st**	**ihr**	sprech-**t**	fahr-**t**
Sie	sprech-**en**	fahr-**en**	**Sie**	sprech-**en**	fahr-**en**
er/sie	sprich-**t**	fähr-**t**	**sie**	sprech-**en**	fahr-**en**

언어 상식 wir, sie

- 앞에서 우리는 여러분 자신(**ich**)과 제3자(**er, sie**), 그리고 누군가(**Sie**)에게 직접 말하는 법을 배웠습니다.
- 여러분이 다른 사람과 이야기를 나누고 싶을 때에는 **wir**(= we)를 사용합니다. 인칭대명사 **wir**에서 동사의 활용어미는 **en**입니다.

  Wir wohn**en** in Bonn. We live in Bonn. 우리는 본에서 살고 있다.

  Wir arbeit**en** in Köln. We work in Cologne. 우리는 쾰른에서 일하고 있다.

- 둘 또는 그 이상의 사람들에 관해 말할 때에는 **sie**(they)를 사용하면 되는데, 동사의 활용어미는 **en**입니다.

  Sie heiß**en** Gerd und Sabine. They are called Gerd and Sabine.
  그들은 게르트와 사비네라고 한다.

  Sie komm**en** aus München. They come from Munich. 그들은 뮌헨에서 왔다.

언어 정보 **ss와 ß → 둘 다 발음은 [s]로 동일합니다.**

- **ß** : 장모음 다음에서 사용 → Stra*ß*e, Fu*ß*ball
- **ss** : 단모음 다음에서 사용 → pa*ss*t

3. Ja-Nein 질문

- **Ja-Nein** 질문은 그 명칭에서 알 수 있듯이 **Ja** 또는 **Nein** 대답을 요구하는 질문입니다.

  단언: Peter und Marga sprechen Englisch. 페터와 마르가는 독일어를 할 줄 안다.

  질문: Sprechen Peter und Marga Englisch? 페터와 마르가는 영어를 할 줄 압니까?

단언 : Katya spricht kein Französisch. 카탸는 프랑스어를 할 줄 모른다.

질문 : Spricht Katya Französisch? 카탸는 프랑스어를 할 줄 압니까?

- 예에서 보듯이 독일어의 **Ja-Nein** 질문은 문장의 어순을 바꾸기만 하면 됩니다. 즉, 평서문에서는 동사가 두 번째에 위치하지만, 의문문에서는 동사가 첫 번째로 이동하지요. **Ja**와 **Nein**은 문장의 첫머리에 위치하는데, 문장의 핵심부와 콤마로 구분하면 됩니다.

- 그러니까 앞의 예문을 **Ja** 또는 **Nein**으로 질문하고 대답하면 다음의 형식을 취합니다.

질문 : Sprechen Peter und Marga Englisch? 페터와 마르가는 영어를 할 줄 압니까?

대답 : **Ja**, Peter und Marga sprechen Englisch.
예, 페터와 마르가는 영어를 할 줄 압니다.

- 이런 식의 질문과 대답의 어순관계를 정리하면 다음과 같습니다.

질문			대답			
동사	주어			주어	동사	
Sprechen	Sie	Deutsch?	Ja,	ich	spreche	Deutsch.
당신은 독일어를 할 줄 압니까?			예, 독일어를 할 줄 압니다.			
Wohnen	Sie	in Bonn?	Nein,	ich	wohne	nicht in Bonn.
당신은 본에서 거주합니까?			아뇨, 본에서 살고 있지 않습니다.			
Kommen	sie	aus Berlin?	Nein,	sie	kommen	aus München.
그들은 베를린 출신입니까?			아뇨, 뮌헨에서 왔습니다.			

02 · Sprechen

Fußballbundesliga 축구 분데스리가

Die weiteren Ergebnisse vom 33. Spieltag: 33번째 경기일의 또 다른 결과들:

Hamburg - Dortmund: 2 zu 1 함부르크 - 도르트문트: 2 : 1

Bochum - Sankt Pauli: 6 zu 0 보훔 - 상 파울리: 6 : 0

Duisburg - Mönchengladbach: 4 zu 2 뒤스부르크 - 묀헨글라트바흐: 4 : 2

Bielefeld - Rostock: 1 zu 3 빌레펠트 - 로슈토크: 1 : 3

Schalke - Freiburg: 0 zu 2 살케 - 프라이부르크: 0 : 2

Karlsruhe - Bayern München: 2 zu 3 칼스루에 - 바이에른 뮌헨: 2 : 3

Bremen - Düsseldorf: 1 zu 0 브레멘 - 뒤셀도르프: 1 : 0

미니사전

2 zu 1 = 2 : 1

Anrufe bei der Auskunft 도착해서 전화하기

Kunde Guten Tag. Ich hätte gern die Telefonnummer von Berta Schulz in Hamburg. 안녕하세요. 함부르크에 사는 베르타 슐츠의 전화번호를 알고 싶습니다.

Stimme Schulz? Wie schreibt man das bitte? 슐츠? 그거 어떻게 쓰지요?

Kunde S-C-H-U-L-Z S-C-H-U-L-Z

Stimme Vorname Berta? 이름이 베르타 입니까?

Kunde Ja, richtig. 예, 맞습니다.

Stimme Die Nummer ist 040-30 07 51 번호는 040-30 07 51입니다.

Kunde Hallo. Ich brauche die Nummer von Günter Marhenke hier in Hamburg. 여보세요. 이곳 함부르크에 사는 건터 마르헨케의 번호가 필요한데요.

Stimme Marhenke? Wie buchstabiert man das? 마르헨케? 철자가 어떻게 되지요?

Kunde M-A-R-H-E-N-K-E M-A-R-H-E-N-K-E

Stimme Können Sie das wiederholen? 반복해 주시겠어요?

Kunde Ja, kein Problem: M-A-R-H-E-N-K-E
그럼요, 물론이죠: M-A-R-H-E-N-K-E

Stimme Die Nummer ist 040-73 45 92 번호는 040-73 45 92입니다.

미니사전

Ich hätte gern + 목적어 = ~을 가지고 싶습니다(공손한 요구)
schreiben = write,
r Vorname 이름,
e Nummer 번호,
brauchen = need
buchstabieren 철자로 …이다,
wiederholen 반복하다,
von = of (…의)
können = can, kein Problem = no problem

03 · Lesen

Sprechen Sie Französisch? 프랑스어를 할 줄 아세요?

Jochen Guten Morgen! Ich heiße Jochen Klempner und das ist meine Frau Katja. 안녕하세요! 저는 요헨 클렘프너라고 하고, 이 사람은 내 아내 카탸입니다.

Marga Guten Morgen! Wir heißen Marga und Peter Krumbacher. Wir kommen aus Jena. Wir arbeiten bei Carl Zeiss. Woher kommen Sie?

안녕하세요! 우리는 마르가와 페터 크룸프너라고 합니다. 우리는 카를 차이스 회사에서 근무하고 있습니다. 당신은 어디에서 오셨어요?

Katja Wir sind aus Stuttgart. Sprechen Sie Französisch?
우리는 슈투트가르트에서 왔습니다. 프랑스어 할 줄 아세요?

Peter Nur ein wenig. Wir sprechen aber ziemlich gut Englisch. Und Sie?
조금밖에 몰라요. 하지만 영어는 꽤 잘 합니다. 그런데 당신은?

Jochen Wir sprechen kein Französisch und nur ein bisschen Englisch.
우리는 프랑스어는 할 줄 모르고 영어는 약간 합니다.

미니사전

sprechen 말하다(='to speak') Englisch 영어 Französisch 프랑스어 kein='no', nur ein wenig 조금만(='only a little') ein bisschen 약간(='a bit (of)') ziemlich 꽤(='fairly')

Richtig oder falsch?

a. Jochen und Katya kommen aus Stuttgart.

b. Sie sprechen ziemlich gut Französisch.

c. Marga und Peter sind aus Weimar.

d. Sie arbeiten bei Jenapharm.

e. Sie sprechen nur ein wenig Französisch.

f. Sie sprechen kein Englisch.

g. Marga und Peter arbeiten bei Carl Zeiss.

해석

a. 요헨과 카탸는 슈투트가르트 출신이다. b. 그들은 프랑스 어를 프랑스 어를 꽤 잘한다.
c. 마르가와 페터는 바이마르 출신이다. d. 그들은 예나파름 회사에서 근무한다.
e. 그들은 프랑스어를 조금밖에 할 줄 모른다. f. 그들은 영어를 할 줄 모른다.
g. 마르가와 페터는 카를 차이스 회사에서 근무한다.

정답

richtig : a, e, g falsch : b, c, d, f

언어 정보

Sie(you), sie(she), sie(they)

- 독일어의 **sie**는 몇 가지 다른 의미가 있어서 구분할 필요가 있습니다.
- 대문자로 시작하는 **Sie**는 존칭으로서 '당신은'(단수), '당신들은(여러분은)' (복수)의 뜻이 있습니다.
- 단수 **sie**(she)는 어미가 **t**인데, 어미 **-en**을 취하는 복수 **sie**(they)와는 정동사 어미가 다릅니다 : 단수 : **sie heißt**, 복수 : **sie heißen**.

제4장

01 · Grammatik

1. 국적과 언어

남성(males)		여성(females)	
-er	**-e**	**-erin**	**-in**
Amerikan**er** 미국인 Engländ**er** 영국인 Spani**er** 스페인인 Korean**er** 한국인	Franzos**e** 프랑스인 Türk**e** 터키인 Griech**e** 그리스인 Chines**e** 중국인	Amerikan**erin** 미국인 Engländ**erin** 영국인 Spani**erin** 스페인인 Korean**erin** 한국인	Französ**in** 프랑스인 Türk**in** 터키인 Griech**in** 그리스인 Chines**in** 중국인

- 독일 사람의 경우, 예외적으로 남자는 **Deutscher**, 여자는 **Deutsche**라고 합니다.
- '언어'를 의미하는 어미는 대부분 **-isch**로 끝나며, 그 나라에서 사용되는 언어는 다음처럼 첫 글자를 대문자로 씁니다.

  Englisch 영어, **Französisch** 프랑스어, **Chinesisch** 중국어, **Koreanisch** 한국어, **Japanisch** 일본어, …

- 그러나 '독일어'는 예외적으로 **Deutsch**라고 합니다.
- 프랑스 사람의 경우, 남자는 **Franzose**, 여자는 **Französin**이라 하고, 프랑스어는 **Französisch**라고 하여 **o**에 움라우트가 붙습니다.

2. 동사의 활용어미(요약)

- 규칙동사: **wohnen, arbeiten,** 불규칙동사: **sprechen**
- **sein**과 **haben**은 예외적으로 특이하게 변화합니다. 이 두 동사는 본동사

뿐 아니라 조동사(완료)로도 사용되므로 꼭 외어둡시다.

		wohnen	sprechen	arbeiten	sein	haben	어미
단수	**ich**	wohn*e*	sprech*e*	arbeit*e*	bin	habe	**-e**
	du	wohn*st*	sprich*st*	arbeit*est*	bist	hast	**-(e)st**
	Sie	wohn*en*	sprech*en*	arbeit*en*	sind	haben	**-en**
	er/sie/es	wohn*t*	sprich*t*	arbeit*et*	ist	hat	**-t**
복수	**wir**	wohn*en*	sprech*en*	arbeit*en*	sind	haben	**-en**
	ihr	wohn*t*	sprech*t*	arbeit*et*	seid	habt	**-t**
	Sie/sie	wohn*en*	sprech*en*	arbeit*en*	sind	haben	**-en**

- 규칙동사와 불규칙동사의 차이는 후자가 단수 2인칭(예, du **sprichst**)과 3인칭(예, er **spricht**)에서만 어간 모음이 바뀐다(sprechen의 경우 e → i로 바뀜)는 것입니다. 나머지 인칭들은 규칙동사처럼 활용변화 합니다.

3. Ihr, dein, euer

- 영어의 **your**에 해당하는 표현이 독일어에는 세 가지 단어가 있습니다.

Sie → Ihr(e) 당신은 → 당신의	**du → dein(e)** 너는 → 너의	**ihr → euer/eure** 너희들은 →너희들의
Wie ist **Ihr** Name? 당신의 이름은 어떻게 됩니까? Wie ist **Ihre** Handynummer? 당신의 핸드폰 번호는 어떻게 됩니까?	Wie ist **dein** Name? 너의 이름은 어떻게 되니? Wie ist **deine** Handynummer? 너의 핸드폰 번호는 어떻게 되니?	Wie ist **euer** Name? 너희들의 이름은 어떻게 되니? Wie ist **eure** Handynummer? 너희들의 핸드폰 번호는 어떻게 되니?

- **euer**에 어미 **-e**가 붙으면 **euere**가 되는데, 이러면 발음하기가 쉽지 않아서 발음이 쉽도록 중간의 **-e-** 모음을 뺀 **eure** 형태로 사용합니다.

4. Ihnen, dir, euch

Sie → Ihnen 당신은 → 당신에게	**du → dir** 너는 → 너에게	**ihr → euch** 너희들은 →너희들에게
Wie geht es Ihnen? 어떻게 지내세요?	Wie geht's dir? (너) 어떻게 지내니?	Wie geht's euch? (너희들) 어떻게 지내니?

02 · Übungen/Practice

01 같은 내용끼리 서로 연결해 보세요.

1) Wie ist dein Name?	a) Woher seid ihr?
2) Welche Handynummer habt ihr?	b) Welche Hausnummer hast du?
3) Woher kommt ihr?	c) Wie heißt du?
4) Wie ist deine Hausnummer?	d) Woher kommst du?
5) Wie heißen Sie?	e) Wie ist eure Handynummer?
6) Woher bist du?	f) Wie ist Ihr Name?

미니사전

r Name 성명, 이름
woher 어디에서부터
welch 어느(= 'which')
e Hausnummer 번지
e Handynummer 핸드폰 번호

01

해석

1) 네 이름이 어떻게 되니?	a) 너희들은 어디서 왔니?
2) 너희들 핸드폰번호가 어떻게 되니?	b) 너는 집 번지가 어떻게 되니?
3) 너희들은 어디서 왔니?	c) 너는 이름이 어떻게 되니?
4) 네 집 번지는 어떻게 되니?	d) 너는 어디서 왔니?
5) 당신은 이름이 어떻게 됩니까?	e) 너희들 핸드폰번호는 어떻게 되니?
6) 너는 어디서 왔니?	f) 당신의 이름은 어떻게 되지요?

정답

1) c, 2) e, 3) a, 4) b, 5) f, 6) d

02

Sie, du, ihr. 다음은 호텔에서 당신이 낯선 사람에게 하는 질문입니다. 각자 질문에 대답해 보세요.

(a) Wie heißen Sie?

(b) Woher kommen Sie?

(c) Und wo wohnen Sie jetzt?

(d) Wie geht's Ihnen heute?

(e) Sprechen Sie Englisch?

(f) Sind Sie verheiratet?

(g) Wie ist Ihre Zimmernummer?

- 이제 한 대학생이 다른 대학생에게 질문하듯이 말해 보세요.

  Wie heißt du?

- 마지막으로 교정에서 당신이 동년배 커플에게 질문하듯이 말해 보세요.

  Wie heißt ihr?

02

정답

du	ihr
(a) Wie heißt du?	(a) Wie heißt ihr?
(b) Woher kommst du?	(b) Woher kommt ihr?
(c) Und wo wohnst du jetzt?	(c) Und wo wohnt ihr jetzt?
(d) Wie geht's dir heute?	(d) Wie geht's euch heute?
(e) Sprichst du Englisch?	(e) Sprecht ihr Englisch?
(f) Bist du verheiratet?	(f) Seid ihr verheiratet?
(g) Wie ist deine Zimmernummer?	(g) Wie ist eure Zimmernummer?

02 · Sprechen

Interview 인터뷰

Interviewer Wie heißen Sie? 이름이 어떻게 됩니까?

Jürgen Ich heiße Jürgen Krause. 위르겐 크라우제라고 합니다.

Interviewer Sind Sie Deutscher? 당신은 독일 사람입니까?

Jürgen Nein, ich bin Österreicher. 아닙니다. 오스트리아 사람입니다.

Interviewer Woher kommen Sie? 어디에서 오셨습니까?

Jürgen Ich komme aus Wien. 비엔나에서 왔습니다.

Interviewer Und wo wohnen Sie jetzt? 그런데 지금은 어디에서 살고 계십니까?

Jürgen Ich wohne jetzt in Salzburg. 현재 잘츠부르크에서 살고 있습니다.

Interviewer Was sprechen Sie? 무슨 말을 할 줄 아세요?

Jürgen Ich spreche Deutsch und Englisch. 독일어와 영어를 할 줄 압니다.

Interviewer Sind Sie verheiratet? 결혼했습니까?

Jürgen Nein, ich bin seit drei Jahren verwitwet.
안 했어요. 3년전부터 홀아비로 있습니다.

Interviewer Arbeiten Sie? 일을 하고 있습니까?

Jürgen Ja, ich arbeite in Salzburg. 예, 잘츠부르크에서 일을 하고 있습니다.

미니사전

r Deutscher 독일사람
r Österreicher 오스트리아 사람, **kommen aus** …로부터 오다, …의 출신이다
wohnen in …에 살다, 거주하다, **sprechen** 말하다(= 'to speak'), **seit drei Jahren** 3년 전부터, **verwitwet** 과부(홀아비)가 된, **arbeiten** 일하다, 근무하다(= 'to work')

발음 정보 w와 v, st와 sp

- 독일어의 **w**는 영어의 **v**처럼 발음되고, 독일어의 **v**는 영어의 **f**처럼 발음됩니다. 발음에 주의해야겠지요!!!

Wie?	**W**o?	**W**er?
verheiratet	**v**erwitwet	**V**orwahlnummer

- 독일어의 **st**와 **sp**는 단어나 음절의 첫머리에서 [ʃt]와 [ʃp]로 발음된답니다.

Straße	**st**udieren	ver**st**ehen
Sport	**Sp**anisch	**sp**rechen

그래서 위의 단어들을 독일어로 읽어보면 이렇게 발음됩니다.

[슈트라세]	[슈투디 : 렌/런]	[페어슈테 : 엔/언]
[슈포 : 트]	[슈파니시]	[슈프레헨]

03 · Lesen

Michaels Home-Page - Ich über mich

미카엘의 홈페이지 – 내가 나에 관해 말하다

미니사전

ber mich 나에 관해(= 'about me')
meine Muttersprache '나의 모국어'
alt …세의, 늙은(= 'old')
lernen 배우다, 공부하다
e Fremdsprache 외국어
im Moment 현재(= 'at the moment')

Ich heiße Michael Schulmeyer und bin 23 Jahre alt.
나는 미카엘 슐마이어라고 하고 23세입니다.

Ich bin Österreicher und komme aus Wien. 나는 오스트리아인이고 비엔나에서 왔습니다.

Ich studiere auch in Wien (Fremdsprachen).
나는 비엔나에서 대학을 다니고 있습니다(외국어).

Meine Muttersprache ist Deutsch. 나의 모국어는 독일어입니다.

Ich spreche auch Englisch und Französisch. 나는 영어와 프랑스어도 할 줄 압니다.

Ich verstehe ein wenig Spanisch. 나는 스페인어를 약간 이해합니다.

Ich lerne im Moment Japanisch. 나는 지금 일본어를 배우고 있습니다.

Mehr über mich? Hier klicken!
나에 관해 더 많은 것을 알고 싶으세요? 여기를 클릭하세요!

상식 개인의 신상정보

Name성명	Michael Schulmeyer
Staatsangehörigkeit/국적	Österreicher
Geburtsort/출생지	Wien
Wohnort/거주지	Wien
Sprachen/언어	Deutsch und Französisch
Familienstand/가족상황	ledig
Studium/학업	Japanisch

제5장

01 · Grammatik

1. 명사의 성

- 독일어 명사는 남성, 중성, 여성 중 하나를 취하는데, 이것을 명사의 '성' (Gender, Genus)이라고 합니다.
- 독일어 명사의 성을 표시할 때에는 정관사(**der, die, das**)나 부정관사 (**ein-**)를 사용합니다.

	정관사	부정관사
남성	der Bahnhof	ein Bahnhof
여성	die Kirche	eine Kirche
중성	das Café	ein Café

- 명사가 하나 이상의 명사와 결합하여 합성명사가 되면 마지막 명사의 성이 합성명사 전체의 성을 결정합니다.

das Bier 맥주 + **der** Garten 정원 → **der** Biergarten 야외 맥주집

das Haus 집 + **die** Frau 여성→ **die** Hausfrau 주부

- 명사의 성을 알아내기는 쉽지 않지만 몇 가지 기본 규칙이 있습니다.

남성: **-ling**으로 끝나는 명사 → der Lieb*ling* (애인, (부부 사이) 여보)
여성: **-in**으로 끝나는 명사 → die Sekretär*in* (여비서)

- **tät**으로 끝나는 명사 → die Universi*tät* (대학)
중성: **-chen**으로 끝나는 명사 → das Mäd*chen* (소녀)

- 그래서 명사는 정관사와 함께, 즉 **der Mann, die Frau, das Mädchen** 식으로 외우면 좋습니다.
- **mein, dein, Ihr, euer** 같은 소유관사는 부정관사 **ein-**과 같은 어미변화를 따른다는 사실을 기억합시다.

2. 수사 101과 그 이상

- 앞에서 우리는 100이하의 숫자(기수)를 읽는 방법을 배웠지요. 여기서는 100 이상의 기수를 읽는 방법을 배워봅시다.
- 101부터는 100+1, 즉 (ein)hunderteins로, 201은 zweihunderteins, 302는 dreihundertdrei로 표현합니다.
- '만 = 10,000'이란 어휘가 없어서 천이 10번 있다는 식(10x1000)으로 zehntausend로 표현합니다.
- '십만 = 100,000'이란 어휘도 없어서 천이 100번 있다는 식(100x1000)으로 hunderttausend로 표현합니다.

101 hunderteins	102 hundertzwei
110 hundertzehn	111 hundertelf
120 hundertzwanzig	121 hunderteinundzwanzig
201 zweihunderteins	312 dreihundertzwölf

999 neunhundertneunundneunzig

1,000 (ein)tausend

2,843 zweitausendachthundertdreiundvierzig

10,000 zehntausend 10,001 zehntausendeins

10,967 zehntausendneunhundertsiebenundsechzig

1,000,000 eine Million

4,000,000 vier Millionen

1,000,000,000 eine Milliarde

주의 1

10단위를 읽고 쓰는 방식이 영어와 다르다는 사실을 기억합시다. 예를 들어 13은 영어가 thirteen이듯이 독일어도 dreizehn이지만, 63은 영어가 sixty three이지만, 독일어는 dreiundsechzig, 곧 3 + 60으로 읽습니다(숫자읽기에서 und는 '+'의 의미가 있습니다).

주의 2

독일의 화폐단위는 Euro와 Cent입니다. 둘 다 성은 남성(der Euro, der Cent)입니다. 5,30 유로는 'fünf Euro dreißig'라고 읽고, 0,50 유로는 'fünfzig Cent'라고 읽습니다.

02 · Übungen/Practice

01 빈칸에 Ihr(e) 또는 mein(e)을 넣어 대화를 완성하세요.

(a) Wie ist ( ) Name? - ( ) Name ist Astrid.

(b) Wie ist ( ) Adresse? - ( ) Adresse ist HauptStraße 45.

(c) Wo liegt ( ) Haus? - ( ) Haus liegt im Zentrum.

(d) Wie ist ( ) Handynummer? - ( ) Handynummer ist 01033753412.

(e) Wie heißt ( ) Mann? - ( ) Mann heißt Gerhard.

미니사전

r Name 성명, 이름
e Adresse 주소
s Zentrum 중심지
e Handynummer 핸드폰 번호(s Handy 핸드폰)
liegen in …에 위치하다

01

해석

(a) 당신 성함은 어떻게 됩니까? - 제 이름은 아스트리트입니다.
(b) 당신 주소는 어떻게 됩니까? - 저의 주소는 하우프트 가 45번지입니다.
(c) 당신 집은 어디에 있습니까? - 저의 집은 중심가에 있습니다.
(d) 당신 핸드폰 번호는 어떻게 됩니까? - 저의 핸드폰 번호는 01033753412입니다.
(e) 당신 남편은 이름이 어떻게 됩니까? - 저의 남편은 게르하르트라고 합니다.

정답

(a) Ihr, Mein (b) Ihre, Meine (c) Ihr, Mein (d) Ihre, Meine (e) Ihr, Mein

02 관사의 올바른 어미는 무엇일까요?

(a) Das ist ein___ Kino.

(b) D___ Hotel heißt 'Vier Jahreszeiten'

(c) Dort ist ein___ Bäckerei.

(d) Wie ist Ihr___ Vorname?

(e) Wo ist d___ 'Bahnhofshotel'?

(f) Wo ist hier ein___ Café?

(g) Wie ist dein___ Telefonnummer?

(h) D___ Kneipe heißt 'Blauer Engel'.

미니사전

s Kino 영화관
Vier Jahreszeiten 사계절 (e Jahreszeit 계절)
e Bäckerei 빵집
r Vorname 이름
s Café 카페
r Bahnhof 역
s Hotel 호텔(예문의 'Bahnhofshotel'은 상호명을 나타내는 고유명사임)
e Telefonnummer 전화번호(s Telefon 전화, e Nummer 번호)
e Kneipe 주점
'Blauer Engel' 푸른 천사 (독일 영화의 제목이지만 여기서는 주점 상호명)

02

해석

(a) 이것은 영화관이다.
(b) 저 호텔은 이름이 '사계절'이다.
(c) 저기에 빵집이 있다.
(d) 당신의 이름은 어떻게 됩니까?
(e) '반호프 호텔'은 어디에 있습니까?
(f) 이곳에는 카페가 어디에 있습니까?
(g) 너의 전화번호는 어떻게 되니?
(h) 주점은 이름이 '푸른 천사'라고 해.

정답

(a) - (b) as (c) e (d) - (e) as (f) - (g) e (h) ie

03 [보기]의 단어를 이용하여 첫 번째 우편엽서를 작성해 보세요.

보기

Anna, der, schön, Die, fantastisch, bald, eine, das, heißt, spreche, geht's, eine, Die

Wien, 7. Februar

Hallo (①), wie (②)? Mir geht es (③). Ich bin jetzt (④) Woche in Wien. (⑤) Stadt ist sehr (⑥), besonders (⑦) Zentrum und (⑧) Park. Ich gehe jetzt auch in (⑨) Sprachschule. (⑩) Sprachschule (⑪) 'In Lingua'. Ich (⑫) jetzt viel Deutsch.

Was machst du?

Bis (⑬)

Dein Paul

미니사전

eine Woche 일주일동안
besonders 특히
r Park 공원
jetzt 지금, 현재
auch 역시
viel 많은, 많이
s Deutsch 독일어
Was machst du?
너는 뭐하고 있니?

03

해석

비엔나, 2월 7일

어떻게 지내니? 나는 정말 잘 지내. 나는 현재 일주일동안 비엔나에 있어. 이 도시는 아주 아름다워. 특히 중심가와 공원이 그래. 나는 현재 어학원에도 다녀. 어학원은 '인링구아'라고 해. 이제 독일어를 많이 말한다.

넌 뭐하니?

곧 또 만나자.

너의 파울로부터

정답

① Anna ② geht's ③ fantastisch ④ eine ⑤ Die ⑥ schön ⑦ das ⑧ der ⑨ eine ⑩ Die ⑪ heißt ⑫ spreche ⑬ bald

04 Wie viele Einwohner haben diese Städte?

예 : **Köln 966000 neunhundertsechsundsechzigtausend**

Heidelberg	147,000	
Dresden	470,000	
Frankfurt am Main	650,000	
München	1,236,000	
Hamburg	1,708,000	
Berlin	3,471,000	

미니사전

r Einwohner 주민, 거주자
dies- 이(= this)
e Stadt 도시(die Städte는 복수형)
Wie viele Einwohner haben diese Städte? 이 도시들은 주민이 얼마나 됩니까? (직역 : 이 도시들은 얼마나 많은 주민을 가지고 있습니까?)

04

해답

하이델베르크	147,000	hundertsiebenundvierzigtausend
드레스덴	470,000	vierhundertsiebzigtausend
프랑크푸르트	650,000	sechshundertfünfzigtausend
뮌헨	1,236,000	eine Million zweihundertsechsunddreißigtausend
함부르크	1,708,000	eine Million siebenhundertachttausend
베를린	3,471,000	drei Millionen vierhunderteinundsiebzigtausend

02 · Sprechen

Was ist das? 이것은 무엇입니까?

- Das ist ein Bahnhof. Das ist der Bahnhof in Hannover.
  이것은 역입니다. 이것은 하노버에 있는 역입니다.
- Das ist ein Flohmarkt. Der Flohmarkt ist in Hannover.
  이것은 벼룩시장입니다. 이 벼룩시장은 하노버에 있습니다.
- Das ist eine Bäckerei. Die Stadtbäckerei ist in Berlin.
  이것은 빵집입니다. 이 도시빵집은 베를린에 있습니다.
- Das ist eine Kneipe. Die Kneipe heißt "Das Weinloch".
  이것은 주점입니다. 이 주점은 이름이 "바인로흐"라고 합니다.
- Das ist ein Kino. Das Abaton-Kino ist in Salzburg.
  이것은 영화관입니다. 아바톤 영화관은 잘츠부르크에 있습니다.
- Das ist ein Hotel. Das Hotel Schmidt ist in Luzern.
  이것은 호텔입니다. 호텔 슈미트는 루체른에 있습니다.

미니사전

r Bahnhof 역
e Kneipe 주점(= the pub)
r Flohmarkt 벼룩시장(= the flea market)
s Kino 영화관=the cinema
e Bäckerei 빵집=the bakery,
das Abaton Kino 아바톤 영화관,
das Hotel Schmidt 슈미트 호텔

03 · Lesen

Eine Postkarte aus München 뮌헨에서 온 우편엽서

미니사전

zwei Wochen 2주 동안
e Stadt 'city', besonders 특히
s Stadtzentrum 시내중심가
e Sprachschule 어학원
ziemlich 꽤
viel 많은, 많이
Deutsch sprechen 독일어를 말하다
s Bier 맥주(→ s Weizenbier 밀 맥주),
bis bald 'see you soon'

München, 3. September

Hallo Jörg,

wie geht's? Mir geht es wirklich sehr gut. Ich bin jetzt zwei Wochen in München. Die Stadt ist sehr schön, besonders das Stadtzentrum und der 'Englische Garten'. Ich gehe auch in eine Sprachschule. Die Sprachschule heißt, 'In Lingua'. Ich spreche ziemlich viel Deutsch. Das Bier in München ist sehr gut. Es heißt Weizenbier. Bis bald

Deine Tracy

An
Jörg Kummerli
MozartStraße 43a
A-5020 SALZBURG

Österreich

9월 3일 뮌헨에서

어떻게 지내니? 나는 정말 잘 지내고 있어. 나는 현재 2주 동안 뮌헨에 있어. 이 도시는 매우 아름다워. 특히 시내중심과 '잉글리시 가든'이 그래. 나는 어학원에도 다녀. 어학원은 이름이 '인링구아' 라고 해. 나는 독일어를 꽤 많이 할 줄 알아. 뮌헨의 맥주는 아주 좋아. 맥주는 '바이첸비어' 라고 불러. 곧 만나자.

너의 트래이시로부터

위의 우편엽서를 읽고 대답해 보세요.

(a) Wo ist Tracy?

(b) Wie ist die Stadt?

(c) Was ist besonders schön?

(d) Wie heißt die Sprachschule?

(e) Spricht Tracy nur Englisch?

(f) Was ist auch sehr gut in München?

(g) Wie heißen die Artikel: **der, die** oder **das**?

……. Woche ……. Stadtzentrum

……. Garten ……. Sprachschule

……. Bier

해석

(a) 트레이시는 어디에 있는가?
(b) 그 도시는 어떠한가?
(c) 무엇이 특히 아름다운가?
(d) 어학원은 이름이 어떻게 되는가?
(e) 트레이시는 영어만 할 줄 아는가?
(f) 뮌헨에서 가장 좋은 것은 무엇인가?
(g) (아래의 단어들은) 관사가 어떻게 되는가?
… 주 …… 시내(중심가)
… 정원 …… 어학원
… 맥주

정답

(a) Sie ist in München. (b) Die Stadt ist sehr schön. (C) Das Stadtzentrum und der 'Englische Garten' sind besonders schön. (d) Die Sprachschule heißt 'In Lingua'. (e) Nein, sie spricht ziemlich viel Deutsch. (f) Das Bier ist auch sehr gut in München. (g) die Woche, das Stadtzentrum, der Garten, die Sprachschule, das Bier

제6장

01 · Grammatik

1. 동사 sein (= to be)

단수				복수			
Ich	**bin**	Student.	나는 대학생이다.	Wir	**sind**	Engländer.	우리는 영국인이다.
Du	**bist**	Sekretärin.	너는 여비서이다.	Ihr	**seid**	Koreaner.	너희들은 한국인이다.
Sie	**sind**	verheiratet.	당신은 기혼자입니다.	Sie	**sind**	Japaner.	당신은 일본인입니다.
Er/Sie/Es	**ist**	alt.	그/그녀/그는 늙었다.	Sie	**sind**	arbeitslos.	그들은 실업자들이다.

2. Berufe: Sind Sie berufstätig? (= Do you have a job?)

- 독일어는 영어와는 달리 직업명칭 앞에 관사를 사용하지 않아요.

Das ist Paul Meier. Er ist ***Taxifahrer***.

이 사람은 파울 마이어입니다. 그는 택시운전사입니다.

der(남성)	die(여성)	
Automechaniker	Automechaniker**in**	자동차정비사
Journalist	Journalist**in**	(언론)기자
Kellner	Kellner**in**	(식당)종업원, 웨이터
Maurer	Maurer**in**	미장이
Musiker	Musiker**in**	음악가
Sekretär	Sekretär**in**	비서
Student	Student**in**	대학생
Taxifahrer	Taxifahrer**in**	택시기사
Tischler	Tischler**in**	가구장이
Verkäufer	Verkäufer**in**	판매원
예외		

Arzt	Ärztin	의사
Koch	Köchin	요리사
Fris**eur**/Fris**ör**	Fris**euse**/Fris**öse**	미용사
Haus**mann**	Haus**frau**	주부
Kauf**mann**	Kauf**frau**	상인
Kranken**pfleger**	Kranken**schwester**	간호사

3. 명사의 복수형

- 독일어 명사는 영어처럼 간단히 -s(예, a book → two books)를 첨가한다고 복수형이 되지 않습니다.
- 그래서 명사를 처음 만나게 되면 명사의 성 외에 '복수형'도 배워야 합니다.

단수	복수
Ich bin **Student**. 나는 대학생이다.	Seid ihr **Studenten**? 너희들은 대학생이니?

- 여기서는 우선 명사의 몇 가지 복수 유형들만 살펴보겠습니다.
  (a) 단수와 복수가 같은 형태:
  ein Koreaner → zwei Koreaner, ein Mantel → zwei Mäntel
  (b) **-(e)n** 또는 **-nen** 추가 형태:
  eine Blume → zwei Blume*n*, eine Studentin → zwei Studentin***nen***
  (c) 움라우트 (¨) 및 **-e**가 추가되는 형태:
  ein Freund → zwei Freund*e*, ein Hand → zwei Hände
  (d) 움라우트 (¨) 및 **-er**가 추가되는 형태:
  ein Kind → zwei Kinder, ein Mann → zwei Männe*r*
  (d) 대부분의 외래어에는 **-s** 추가: ein Kino → zwei Kino*s*

주의 1 명사의 복수형

- 복수형에서 모음(a, o, u)에 움라우트(ä, ö, ü)가 오는 경우도 있습니다.
- 복수의 정관사는 명사의 성과는 상관없이 die로 표현합니다.
  der Vater – die Väter, der Sohn – die Söhne, das Buch – die Bücher
- 아래 명사들의 복수형을 사전에서 찾아봅시다.

주의 2 사전에는 명사가 어떻게 표기되어 있을까?

- 사전에는 명사의 단수 2격과 복수 1격의 형태가 표시되어 있습니다.
- 남성명사(m = maskulin): Student m. -en, -en (단수 2격: des Studenten, 복수 1격: die Studenten)
- 여성명사(f = feminin): Frau f, -, -en (단수 2격: der Frau, 복수 1격: die Frauen)
- 중성명사(n = neutral): Buch n, -es, ¨er (단수 2격: des Buches, 복수 1격: die Bücher)

01 · Übungen/Practice

01 Anke와 Thomas가 만나서 나눈 대화입니다. Thomas의 전공은 무엇이고, Anke의 직업과 전공은 무엇일까요? 그리고 무분별하게 나열된 대화를 올바른 순서로 재배열하여 보세요.

a. **Anke** Bist du Student?

b. **Thomas** Hallo! Mein Name ist Thomas.

c. **Anke** Und woher kommst du? Kommst du aus Leipzig?

d. **Thomas** Ja, ich studiere Chemie in Leipzig. Und du?

e. **Anke** Hallo! Ich heiße Anke. Wie heißt du?

f. **Thomas** Ich komme aus Leipzig.

g. **Anke** Ich bin auch Studentin. Ich studiere Anglistik in München.

미니사전

e Chemie 화학,
studieren 전공하다(타동사일 때, 자동사이면 '대학을 다니다'(예, Ich studiere in Seoul. '나는 서울에서 대학을 다니고 있다.'))
Leipzig 라이프치히 시,
e Anglistik 영어영문학

01

해석

a. Anke 너는 대학생이니?

b. Thomas 안녕! 내 이름은 토마스야.

c. Anke 그런데 넌 어디서 온 거니? 라이프치히에서 온거니?

d. Thomas 응, 난 라이프치히에서 화학을 전공하고 있어. 그런데 너는?

e. Anke 안녕! 난 앙케라고 해. 넌 이름이 어떻게 되니?

f. Thomas 난 라이프치히에서 왔어.

g. Anke 나도 여대생이야. 뮌헨에서 영어영문학을 전공하고 있어.

정답

Thomas의 전공 : 화학, Anke의 직업과 전공 : 대학생, 영어영문학, 대화순서 : e-b-c-f-a-d-g

미니사전

e Kellnerin 여종업원
r Ire 아일랜드인(남자)
e Schottin 스코틀랜드 여자
Dublin 더블린(아일랜드의 수도)
Süddeutsche Zeitung 쥐트도이체 차이퉁(독일 뮌헨에서 발간되는 전국규모 일간지)
Karstadt 카르슈타트 백화점(독일의 유명한 백화점 명칭)

02 보기의 어휘들을 올바른 곳에 넣어보세요.

Kellnerin, Engländer, Studentin, Ire, Verkäuferin, Journalist, Schottin, Sekretärinnen, Studenten

- Sind Herr und Frau Brookes _____(a)
- Nein, Herr Brookes kommt aus Dublin und ist _____(b) und Frau Brookes ist _____(c).
- Sind Doris und Walther _____(d)?
- Doris ist _____(e), aber Walther ist _____(f) bei der 'Süddeutschen Zeitung'
- Sind Elke und Birgit _____(g)?
- Nein, Elke ist _____(h) bei Karstadt und Birgit ist _____(i).

02

해석

[보기] 여종업원, 영국인, 여대생, 아일렌드 인, 여자판매원, 기자, 스코틀랜드여자, 여비서, 대학생
- 브룩스 부부는 영국인입니까?
- 아닙니다. 브룩스 씨는 더블린에서 왔고, 아일랜드 인이고, 부룩스 부인은 스코틀랜드인입니다.
- 도리스와 발터는 대학생들입니까?
- 도리스는 여대생입니다. 그러나 발터는 '쥐트도이체 차이퉁' 지의 기자입니다.
- 엘케와 비르기트는 비서들입니까?
- 아닙니다, 엘케는 카르슈타트 백화점의 점원이고, 비르기트는 웨이터입니다.

정답

(a) Engländer (b) Ire (c) Schotten (d) Studenten (e) Studentin (f) Journalist
(g) Sekretärinnen (h) Verkäuferin (i) Kellnerin

〈베를린 소재
Kaufhaus des Westens(KaDeWe):
독일 최고의 명품 백화점〉

03 다음의 대화를 읽고 올바른 것을 골라보세요.

Jochen Krenzler aus Dresden lernt Rainer Tietmeyer aus Cambridge kennen.

Jochen Willkommen in Dresden! Mein Name ist Jochen Krenzler. Können Sie vielleicht Deutsch?

Rainer Guten Tag! Ja, ich spreche Deutsch. Ich heiße Rainer Tietmeyer.

Jochen Das ist ja großartig! Sind Sie denn Deutscher?

Rainer Ja, aber meine Frau ist Engländerin und ich wohne seit 24 Jahren in England.

Jochen Ach so. Und was sind Sie von Beruf?

Rainer Ich bin Tischler.

a) Herr Tietmeyer ist Deutscher / Schweizer.

b) Frau Tietmeyer ist Deutsche / Engländerin.

c) Herr Tietmeyer wohnt seit 4 Jahren / 20 Jahren / 24 Jahren in England.

d. Herr Tietmeyer ist Kellner / Tischler / Kaufmann von Beruf.

미니사전

Willkommen in Dresden! 드레스덴에 오신 것을 환영합니다
vielleicht 아마도, 혹시
Was sind Sie von Beruf? 'What job do you do?'
großartig 훌륭한
Deutscher 독일사람(남자)(독일사람(여자)는 Deutsche)
seit 24 Jaren 'for 24 years'(24년 전부터)
r Tischler 가구장이
r Beruf 직업(**Was sind Sie von Beruf?** 당신은 직업이 무엇입니까? ⇨ 간단히 **Was sind Sie?**도 같은 의미로 사용됨)

03

해석

드레스덴 출신의 요헨 크렌츨러는 캠브리지 출신의 라이너 티트마이어를 알게 된다.
Jochen 드레스덴에 오신 것을 환영합니다! 내 이름은 요헨 크렌츨러입니다. 여러분들은 혹시 독일어를 할 줄 아세요?
Rainer 안녕하세요! 예, 나는 독일어를 할 줄 압니다. 나는 라이너 티트마이어라고 합니다.
Jochen 그거 참 잘 됐군요! 당신은 독일 사람인가요?
Rainer 그렇습니다. 하지만 내 아내는 영국 사람입니다. 그리고 나는 24년 전부터 영국에서 살고 있습니다.
Jochen 아 그러세요. 그런데 직업은 뭐예요?
Rainer 나는 가구공입니다.

a) 티트마이어 씨는 독일인/스위스 인입니다.
b) 티트마이어 부인은 독일인/영국인입니다.
c) 티트마이어 씨는 4년/20년/24년 전부터 영국에서 살고 있습니다.
d. 티트마이어 씨는 직업이 웨이터/상인입니다.

정답

(a) Deutscher (b) Engländerin (c) 20 Jahren (d) Tischler

02 · Sprechen

In der Jugendherberge 유스호스텔에서

미니사전

Grüßt euch! '안녕(= hi)'
(한 사람 이상에게 친근하게 하는 인사말, 한 사람에게는 **grüß dich!**라고 함. 독일 남서부 지방에서 주로 사용함)
na ja = 'oh well'
es geht = 'it's all right'
langweilig 지루한 (= boring)
e BWL = Betriebswirtschaftslehre 경영학

Anita Grüßt euch! Ich heiße Anita. Wie heißt ihr?
너희들 안녕! 나는 아니타라고 해. 너희들은 이름이 어떻게 되니?

Karin Hallo! Mein Name ist Karin. 안녕! 내 이름은 카린이야.

Anke Und ich bin die Anke. 그리고 난 앙케야.

Anita Und woher kommt ihr? 그런데 너희들은 어디서 왔니?

Anke Wir kommen aus Gießen. Und du? Woher kommst du?
우리는 기센에서 왔어. 그런데 너는? 너는 어디서 왔니?

Anita Aus Frankfurt. Ich studiere dort Romanistik. Studiert ihr auch?
프랑크푸르트에서 왔어. 나는 그곳에서 로만스어문학을 전공하고 있어. 너희들도 대학을 다니고 있니?

Karin Ja, wir studieren BWL in Marburg.
그래, 우리는 마르부르크에서 경영학을 전공하고 있어.

Anita Und ist das interessant? 그런데 그것은 재미가 있니?

Anke Na ja, es geht, ein bisschen langweilig. 그저 그래, 약간은 지루해.

Richtig oder falsch?

(a) Anke und Karin kommen aus Gelsenkirchen.

(b) Anita kommt aus Frankfurt. (c) Anita studiert Germanistik.

(d) Anke und Karin studieren BWL. (e) Sie studieren in Marburg.

(f) Sie finden es sehr interessant.

해석

(a) 앙케와 카린은 겔젠키르헨에서 왔다. (b) 아니타는 프랑크푸르트에서 왔다.
(c) 아니타는 독어독문학을 전공하고 있다. (d) 앙케와 카린은 경영학을 전공하고 있다.
(e) 그들은 마르부르크에서 대학을 다니고 있다. (f) 그들은 경영학을 아주 재미있어 한다.

정답

richtig : b, d, e falsch : a, c, f
(a) Sie kommen aus Gießen. (c) Sie studiert Romanistik. (f) Sie findet es ein bisschen langweilig.

〈독일 유스호스텔 탄생 100주년(2009년) 기념우표〉

상식 **유스호스텔의 탄생**

1909년 8월 26일 알테나(Altena)의 교사였던 리햐르트 쉬르만(Richard Schirrmann, 이 유스호스텔의 비전을 처음 제시하였지요.

상식 **독일 대학의 전공분야들(Studienfächer/subjects)**

Chemie 화학	Physik 물리학	Geographie 지리학	Biologie 생물학
Mathematik 수학	Politik 정치학	Medizin 의학	Informatik 정보통신학
Anglistik 영어영문학	Geschichte 역사학	Romanistik 로만스어문학	Germanistik 독어독문학
Betriebswirtschaftslehre(BWL) 경영학		Zahnmedizin 치의학	
Volkswirtschaftslehre(VWL) 경제학			

- 전공명칭 앞에도 관사를 사용하지 않아요.

Was studierst du? - Ich studiere ***Germanistik***.

너는 무엇을 전공하고 있니? - 나는 독어독문학을 전공하고 있다.

03 · Lesen

Ich über mich 내가 나에 관해 말하다

Ich heiße Vicki Farow. Ich komme aus Newcastle, aber ich wohne jetzt in Peckham. Das ist in London.

나는 비키 패로우라고 한다. 나는 뉴캐슬 출신이지만, 현재 페캄에서 살고 있다. 이곳은 런던 안에 있다.

Meine Eltern wohnen noch in Newcastle.

내 부모님은 여전히 뉴캐슬에서 살고 계신다.

Ich bin Krankenschwester und ich arbeite in Southwark.

나는 간호사이고, 사우스워크에서 근무하고 있다.

Ich spreche Englisch, Französisch und ein bisschen Deutsch.

나는 영어, 프랑스어를 할 줄 알고, 독일어는 약간 한다.

Mein Partner heißt Darren und er ist Automechaniker. Er arbeitet in Battersea. Er spricht sehr gut Deutsch. Sein Vater ist Deutscher.

내 파트너는 대런이라고 하는데, 자동차수리공이다. 그는 배터시에서 근무하고 있다. 그는 독일어를 아주 잘 한다. 그의 아버지가 독일인이다.

발음 정보 움라우트(Umlaut, 변모음)

- a, o, u → ä, ö, ü

Engl***ä***nder 영국인 Universit***ä***t 대학 berufst***ä***tig 직업이 있는

Sekret***ä***rin 여비서 Kindergärtnerin 유치원교사(여자)

Ärztin 여의사 B***ä***ckerei 빵집 H***äu***ser 집(복수)

- au → äu

Verk***äu***fer 판매원 Fr***äu***lein 아가씨

제7장

01 · Grammatik

1. 4격(Akkusativ, 목적격)

Ich trinke einen Kaffee. 나는 커피를 마시고 있다.

- 이 문장에서 **Ich**는 주어이고, **einen Kaffee**는 목적어이지요. 그런데 독일어에서 목적어는 4격(직접목적격)이라는 격 어미를 취하는데, **einen Kaffee**의 **-en**이 그것입니다.
- 어미 **-en**은 정관사 단수 남성 4격(**der → den**), 부정관사 남성 4격(**ein → einen**)과 일치합니다. 소유관사(**mein, dein, sein, Ihr** 등)와 부정어(**kein**)도 부정관사의 격 어미와 같습니다.

	1격(Nominativ)	4격(Akkusativ)
남성 단수	Der Kaffee schmeckt gut. 이 커피는 맛이 좋다.	Ich nehme d**en** Kaffee. 나는 커피를 마시겠다.
	Wo ist mein Wein? 내 와인이 어디 있지?	Ich bekomme ein**en** Wein. 나는 와인을 마시겠다.
	Mein Tee schmeckt nicht. 내 차는 맛이 없다.	Du trinkst mein**en** Tee! 네가 내 차를 마시고 있어!
여성 단수	Die Milch schmeckt gut. 이 우유는 맛이 좋다.	Ich nehme di**e** Milch. 나는 우유를 마신다.
	Wo ist meine Tasse Tee? 내 찻잔은 어디 있지?	Ich bekomme ein**e** Tasse Tee. 나는 차를 한 잔 마신다.
	Meine Limo schmeckt nicht. 내 레몬주스는 맛이 없다.	Trinkst du mein**e** Limo? 너는 내 레몬주스를 마실래?
중성 단수	Das Eis schmeckt gut. 이 아이스크림은 맛이 좋다.	Ich nehme da**s** Eis. 나는 이 아이스크림을 먹겠다.
	Wo ist mein Glas Bier? 내 맥주잔은 어디 있지?	Ich bekomme ein Glas Bier. 나는 맥주를 한 잔 마시겠다.
	Mein Brötchen ist nicht frisch. 내 모닝 빵은 신선하지 않다.	Du isst mein Brötchen! 네가 내 모닝 빵을 먹고 있어!

주의 1 **Ich möchte / nehme / bekomme + 4격 목적어**

Sie bekommt **ein** Eis. – Sie bekommt **einen** Becher Eis.(r Becher)
그녀는 아이스크림을 먹는다. – 그녀는 아이스크림을 한 컵 먹는다.

Ich nehme **einen** Kaffee. – Ich nehme **eine** Tasse Kaffee. (e Tasse)
나는 커피를 마신다. – 나는 커피를 한 잔 마신다.

Er trinkt **einen** Weißwein. – Er trinkt **ein** Glas Weißwein. (s Glas)
그는 백포도주를 마신다. – 그는 백포도주를 한 잔 마신다.

		부정관사**(ein-)**	정관사**(d-)**
남성 여성 중성	Ich möchte … 나는 …을 하고 싶다. Meine Freundin möchte … 내 여자친구는 ….을 하고 싶어한다. Ich nehme … 나는 ….을 먹겠다. Mein Freund nimmt … 내 여자친구는 …을 먹는다. Ich bekomme … 나는 …을 먹겠다. Meine Frau bekommt … 내 아내는 ….을 먹는다.	**einen** Kaffee 커피를 **einen** Tee 차를 **eine** Limo 레몬주스를 **eine** Cola 콜라를 **ein** Mineralwasser 생수를 **ein** Eis 아이스크림을	**den** Kaffee 커피를 **den** Tee 차를 **die** Limo 레몬주스를 **die** Cola 콜라를 **das** Wasser 물을 **das** Eis 아이스크림을

⇨ 물질명사(예, Eis, Kaffee, Weißwein 등)는 셀 수 없는 명사이므로 커피 한 잔/두 잔 식으로 주문하려면 용량단위(예, **eine Tasse** 등)를 사용해야 합니다. 그래서 '나는 커피 한 잔 마실래.'는 'Ich nehme ***eine Tasse*** Kaffee.'가 됩니다(더 자세한 설명은 아래의 2항 참조).

2. 용기(용량단위)와 그 내용물

- 영어의 **a cup of tea, a glas of wine, a dish of ice-cream** 등과 같이 용기와 그 내용물에 관해 말할 때, 독일어에서는 영어의 **of** 같은 단어를 사용하지 않습니다.

eine Flasche Wein	*a bottle of* wine	와인 한 병
ein Glas Mineralwasser	*a glass of* mineral water	생수 한잔
ein Kännchen Kaffee	*a pot of* coffee	커피 한 포트
eine Tasse Tee	*a cup of* tea	차 한 잔

02 · Practice

01 빈 칸에 ein, eine 또는 einen을 넣으시오.

(1) Entschuldigen Sie, bitte. Ich brauche (　　) Bank.

(2) Wo finde ich hier (　　) Supermarkt?

(3) Entschuldigen Sie, bitte. Finde ich hier in der Nähe (　　) Café?

(4) Ich brauche (　　) Bier.

(5) Gibt es (　　) Biergarten hier in der Nähe?

(6) Wo finde ich (　　) Park hier in der Nähe, bitte?

미니사전

Entschuldigen Sie 실례합니다,
brauchen …을 필요로 하다 (= to need)
e Bank 벤치, 좌석(복수형은 die Bänke), 은행(복수형은 die Banken),
Wo finde ich …? …이 어디에 있지요?
es gibt A.(4격 명사구) …이 있다,
r Biergarten 비어가르텐(야외 맥주 주점)
r Park 공원,
hier 여기에(서)
in der Nähe 근처에,
finden …을 찾(아내)다, 발견하다

01

해석

(1) 실례합니다. 제가 은행이 필요한데요(은행을 찾고 있는데요).
(2) 이곳에 슈퍼마켓은 어디에 있습니까?
(3) 실례합니다. 이 근처에 카페가 있습니까?
(4) 나는 맥주가 필요합니다(맥주를 마시겠습니다).
(5) 이 근처에 야외 맥주집이 있습니까?
(6) 이 근처 어디에 공원이 있습니까?

정답

(1) eine (2) einen (3) ein (4) ein (5) einen (6) einen

02 Der, die oder das? 아래 64쪽의 〈Im Café〉를 다시 한 번 읽고 빠진 관사를 넣으시오.

(a) der Tee	(b) die Cola	(c) ( ) Mineralwasser
(d) ( ) Bier	(e) ( ) Orangensaft	
(f) der Wein	(g) ( ) Kaffee	
(h) der Schnaps	(i) der Sekt	(j) die Milch

02

해석

(a) 차 (b) 콜라 (c) 생수 (d) 맥주 (e) 오렌지주스, (f) 와인, (g) 커피, (h) 증류주, (i) 샴페인, (j) 우유

정답

(c) das (d) das (e) der (g) der

03 단수형의 복수형을 찾아 연결하시오.

단수	복수
1. eine Tasse Kaffee	a. zwei Tassen Kaffee
2. ein Glas Wasser	b. drei Gläser Wasser
3. eine Flasche Wein	c. drei Flaschen Wein
4. eine Dose Cola	d. drei Dosen Cola
5. Paul isst einen Becher Eis.	e. zwei Becher Eis

미니사전

e Tasse (차, 커피용) 잔
s Glas 유리컵, 유리잔
e Flasche 병, e Dose 캔
r Becher (손잡이와 다리가 없고 유리가 아닌) 잔, 컵
s Kännchen 포트(= pot)
isst 'essen 먹다'의 3인칭 단수형

03

해석

용기(용량단위)가 남성이나 중성이면 복수이더라도 항상 단수형을 사용하고(ein Glas → zwei Glas)

여성이고 복수이면 복수형을 사용(eine Dose → zwei Dosen)

단수	복수
1 커피 한 잔	a. 커피 두 잔
2. 물 한 잔	b. 물 세 잔
3. 와인 한 병	c. 와인 세 병
4. 콜라 한 캔	d. 콜라 세 캔
5. 파울은 아이스크림을 한 컵 먹는다	e 아이스크림 두 컵

정답

a. 1-a, 2-b, 3-c, 4-d, 5-e

02 · Sprechen

Im Café 카페에서

미니사전

durstig 목이 마른, 갈증 나는
r Vater 아버지
e Mutter 어머니
r Junge 소년
s Mädchen 소녀
brauchen …을 필요로 하다
schon wieder 또 다시
s Mineralwasser 생수
nehmen = 'take' r Saft 주스
s Eis 아이스크림
e Limonade 레몬(주스) ohne = 'without'(⇨ ohne Eis 얼음 없이/없는)
zu dick 너무 살이 찐
gesund 건강한,
kühl = 'cold/chilled' schön kühl 꾀 시원한(여기서 schön은 kühl을 수식하는 부사)
schmecken 맛이 …하다,
lecker = 'dilicious'
bestellen 주문하다

Vater Oh, bin ich jetzt durstig. Ich brauche jetzt ein Bier.
아, 목말라. 맥주 마시고 싶어.

Mutter Nicht schon wieder ein Bier, Vater. Du bist zu dick.
아빠, 또 맥주야, 안 돼요. 당신은 너무 뚱뚱해요.

Vater Ach, Bier ist gesund. Hallo. Wir möchten bestellen.
오, 맥주는 건강에 좋아. 여보세요. 주문할게요.

Kellner Guten Tag. Was möchten Sie, bitte?
안녕하세요. 뭘 드시겠습니까?

Mutter Ich möchte ein Mineralwasser und einen Kaffee, bitte.
나는 생수와 커피를 하겠어요.

Kellner Ein Mineralwasser und einen Kaffee. Und was trinken Sie, bitte?
생수와 커피 한 잔. 그리고 당신은 뭘 마시겠습니까?

Vater Also, ich nehme ein Weizenbier. Schön kühl, bitte.
그럼 나는 밀맥주 한 잔 주세요. 시원한 것으로요.

Kellner Kein Problem. Und was nimmst dù?
알겠습니다. 그리고 넌 뭐 먹을래.

Junge Ich trinke einen Orangensaft. Mit Eis.
나는 오렌지주스를 마실래요. 아이스크림과 함께.

Kellner Und du? Was möchtest du?
그리고 너는? 넌 뭐 먹고 싶니?

Mädchen Ich möchte eine Limonade. Aber ohne Eis. Limonade schmeckt
나는 레몬주스를 먹을래요. 하지만 얼음 없이. 레몬주스가 맛있어.

Richtig oder falsch? 잘못된 표현은 고치시오.

(a) Der Vater ist durstig.

(b) Er möchte eine Limonade.

(c) Die Mutter findet, er ist zu dick.

(d) Aber der Vater findet, Bier ist gesund.

(e) Die Mutter bestellt einen Orangensaft und einen Zitronentee.

(f) Der Vater bestellt ein Bier.

(g) Der Junge bekommt eine Cola und einen Hamburger.

(h) Das Mädchen findet, Limonade schmeckt lecker.

해석

(a) 아버지는 목이 마르다.

(b) 그는 레몬주스를 마시고 싶어 한다.

(c) 어머니는 그가 너무 뚱뚱하다고 생각한다.

(d) 그러나 아버지는 맥주는 건강에 좋다고 생각한다.

(e) 어머니는 오렌지주스와 레몬차를 주문한다.

(f) 아버지는 맥주를 주문한다.

(g) 소년은 콜라와 햄버거를 먹는다.

(h) 소녀는 레몬주스가 맛이 있다고 생각한다.

정답

Richtig: a, c, d, f, h,

falsch: b(Er möchte ein Bier.), e(Sie bestellt ein Mineralwasser und einen Kaffee.), g(Er bekommt einen Orangensaft.)

03 · Lesen

Gibt es hier in der Nähe ein Café?

이 근처에 카페가 있습니까?

미니사전

in der Nähe 근처에
gehen 가다
Ist es weit? 'Is it far?'
ungefähr = etwa 'about'
brauchen 필요로 하다, 소요되다
nämlich 즉
na klar 물론(= of course)
rechts 오른쪽에(↔ links 왼쪽에)
um die Ecke 모퉁이 주변에 (= around the corner)
r Kuchen 케이크

◆ Dialog 1

- Entschuldigen Sie bitte, gibt es hier in der Nähe eine Bank?
  실례합니다. 이 근처에 은행이 있습니까?
- Ja, gehen Sie die erste Straße links. Da ist eine Bank.
  예. 왼쪽 첫 번째 길로 가세요. 거기에 은행이 있습니다.
- Ist es weit? 멀어요?
- Nein, ungefähr fünf Minuten. 아뇨, 대략 5분 정도.
- Gut, danke. Ich brauche nämlich Geld. 좋아요. 감사합니다. 돈이 필요해서요.

◆ Dialog 2

- Entschuldigung. Gibt es hier in der Nähe einen Supermarkt?
  실례합니다. 이 근처에 슈퍼마켓이 있습니까?
- Mmh. Einen Supermarkt? Na klar, gehen Sie immer geradeaus. Dort finden Sie einen 'Plus'-Markt.
  음. 슈퍼마켓? 그럼, 곧장 가세요. 거기에 '플루스' 마켓이 보일 겁니다.
- Ist es weit? 멀어요?
- Nein, etwa 400 Meter. 아닙니다. 대략 400미터 정도 돼요.

◆ Dialog 3

- Hallo. Entschuldigen Sie. Gibt es hier in der Nähe ein nettes Café?
  안녕하세요. 실례지만, 이 근처에 깔끔한 카페가 있나요?
- Ja natürlich. Das Café Hansa. Gehen Sie hier rechts um die Ecke. Es ist nicht weit. Dort ist der Kuchen ausgezeichnet.
  예, 있어요. 카페 한자가 있어요. 오른쪽 모퉁이를 돌아가세요. 멀지 않아요. 그곳 케이크는 맛이 끝내줘요.

언어 정보 **길 묻기에서 유용한 표현**

der		**einen**	Supermarkt? 슈퍼마켓이 있나요? Biergarten? 야외맥주집이 있나요?
die	Gibt es hier in der Nähe 이 근처에	**eine**	Bank? 은행이 있나요? Kneipe? 주점이 있나요?
das		**ein**	Hotel? 호텔이 있나요? Kino? 영화관이 있나요?

제8장

01 · Grammatik

1. 명사의 복수형 4격

- 독일어 명사는 (문법적인) 성도 있고 복수형도 있습니다.
- 복수형 4격은 성에 상관없이 복수형 1격과 형태가 동일합니다. 말하자면 복수 1격과 4격은 형태가 동일합니다.

1격	4격
Die Pilze schmecken gut. 버섯은 맛이 좋다. Was kosten **Pilze**? 버섯은 값이 얼마입니까? **Meine Pilze** sind nicht frisch. 내 버섯은 신선하지 않습니다.	Ich nehme ***die Pilze***. 나는 버섯을 먹겠습니다. Ich bekomme ***Pilze***. 나는 버섯을 먹겠습니다. Isst du ***meine Pilze***? 네가 내 버섯을 먹을래?

주의 nehmen, bekommen은 상황에 따라 '~을 먹다, 구입하다, 주문하다'의 의미도 있습니다.

2. 명사의 복수형

- 새로운 명사의 복수형은 명사를 만날 때마다 외울 필요가 있습니다.
- 앞의 6장에서 명사의 몇 가지 복수형을 살펴보았는데, 여기서는 독일어 명사의 모든 복수형들을 정리하였습니다.

형 태	단 수	복 수
1. 단수/복수가 같음	ein Koreaner 한국인 한 명	zwei Koreaner 한국인 두 명
2. -nen	eine Studentin 여대생 한 명	zwei Studentinnen 여대생 두 명
3. 움라우트 추가	ein Apfel 사과 하나	zwei Äpfel 사과 둘
4. -e	ein Pilz 버섯 하나	zwei Pilze 버섯 둘
5. 움라우트+-e	ein Sohn 아들 하나	zwei Söhne 아들 둘
6. -er	ein Kind 아이 하나	zwei Kinder 아이 둘
7. 움라우트+-er	ein Glas 잔 하나	zwei Gläser 잔 둘
8. -s	ein Café 카페 하나	zwei Cafés 카페 둘
9. -n 또는 -en	eine Tasse 잔 하나	zwei Tassen 잔 둘
	eine Packung 팩 하나	zwei Packungen 팩 둘

주의

- 움라우트는 명사에 포함된 **a, o, u**가 **ä, ö, ü**로 바뀐다는 뜻입니다.
- 용량단위 명사가 중성과 남성이면 항상 단수형만 사용됩니다.

  Drei **Pfund** Äpfel, bitte. 사과 3파운드 주세요. (⇨ Pfund의 성은 중성)

  250 **Gramm** Käse. 250 그램 치즈. (⇨ Gramm의 성은 중성)

  Zwei **Stück** Kuchen. 케이크 두 조각. (⇨ Stück의 성은 중성)

- 그러나 용량단위 명사가 여성이면 복수에는 복수형이 사용됩니다.

  Eine **Dose** Cola und zwei **Flaschen** Bier, bitte. 콜라 한 캔과 맥주 두 병 주세요.

  Eine **Tasse** Tee und zwei **Tassen** Kaffee, bitte. 차 두 잔과 커피 두 잔 주세요.

언어 정보 문장에서 정(형)동사의 위치

- 독일어 문장에서 (정)동사는 일반적으로 두 번째에 위치합니다.

I	II	III	
Ich	nehme	eine Gemüsesuppe.	나는 야채스프를 먹겠습니다.
Als Vorspeise	nehme	ich eine Gemüsesuppe.	전채로 나는 야채스프를 먹겠습니다.

- 화법조동사가 있으면 화법동사가 정동사로서 두 번째에 위치하고, 본동사는 원형동사(부정사, Infinitiv)가 되어 문장 끝으로 이동합니다.

I	II	III	IV	
Man	kann	jetzt hier in Hamburg Tomaten	kaufen.	사람들은 이제 이곳 함부르크에서 토마토를 살 수 있다.
Wo	können	wir hier Äpfel	bekommen?	이곳 어디서 우리는 사과를 살 수 있습니까?
Ich	möchte	bitte ein Stück Kuchen	bestellen.	나는 케이크 한 조각을 주문하고 싶습니다.
Wir	möchten	jetzt bitte	bezahlen.	우리는 이제 계산하고 싶습니다.
	⇧ 정동사 화법동사		⇧ 본동사 원형동사	

02 · Übungen/Practice

01 알맞은 표현끼리 연결하여 대화를 완성하여 보세요.

Frau Trübner	Kellner
a. Ja, einen Kaffee, bitte. b. Ich möchte bitte bestellen. c. Einen Eisbecher, bitte. d. Ja, sehr gut. Ich möchte jetzt bezahlen. e. Ich nehme die Nudeln mit Tomatensoße, bitte. f. Ohne, bitte.	1. Mit oder ohne Sahne? 2. Gut, als Hauptgericht die Nudeln. Und als Dessert? 3. Einen Moment. Das macht zusammen 10 Euro. 4. (…) Hat es geschmeckt? 5. Bitte schön. Was bekommen Sie? 6. Und möchten Sie etwas zum Trinken?

01

해석

Frau Trübner	Kellner
a. 예, 커피 한 잔 주세요. b. 주문하려고요. c. 아이스크림 한 컵 주세요. d. 예. 아주 좋아요. 이제 계산하겠습니다. e. 토마토소스를 곁들인 국수 주세요. f. 크림 없이 주세요.	1. 크림을 넣을까요, 넣지 말까요? 2. 좋습니다. 본체는 국수 주세요. 그리고 디저트는? 3. 잠깐만요. 합계 10유로입니다. 4. (…) 맛있었습니까? 5. 주문하시죠. 뭘 드시겠습니까? 6. 그리고 마실 것은요?

정답

b-5, e-2, c-1, f-6, a-4, d-3

02 Was stimmt? 어울리는 것끼리 연결하여 보세요.

a. eine Dose	1. Wein
b. eine Flasche	2. Tomaten
c. eine Packung	3. Salami
d. eine Tüte	4. Bonbons
e. ein Stück	5. Cornflakes

미니사전

e Dose 캔
e Flasche 병
e Packung 팩
e Tüte 봉지
s Stück 조각
r Wein 와인
e Tomate 토마토
e Salami 살라미 소시지
s Bonbon 사탕, 캔디(복수형은 Bonbons)
s Cornflakes 시리얼(항상 복수형으로 사용)

02
해석 및 정답

a. 캔	1. 포도주
b. 병	2. 토마토
c. 팩	3. 살라미(소시지)
d. 봉지	4. 사탕
e. 조각	5. 콘플레이크(시리얼)

03 명사의 단수와 복수. 빈 괄호 속에 빠진 형태를 넣으세요.

ein(e)	zwei
a. Apfel	( )
b. ( )	Brötchen
c. Wurst	( )
d. Flasche	( )
e. ( )	Kartoffeln
f. ( )	Kännchen
g. Glas	( )
h. Party	( )

미니사전

r Apfel 사과
s Brötchen 모닝빵
e Wurst 소시지
e Kartoffel 감자
s Kännchen 포트
s Glas 잔
e Party 파티

03
해석 및 정답

ein(e)	zwei
a. 사과	(Äpfel)
b. (Brötchen)	모닝빵
c. 소시지	(Würste)
d. 병	(Flaschen)
e. (Kartoffel)	감자
f. (Kännchen)	작은 캔
g. 잔	(Gläser)
h. 파티	(Partys)

04 두꺼운 체로 쓴 부분을 문장의 첫머리로 이동하여 문장을 작성하여 보세요.

a. Ich möchte **als Vorspeise** eine Gemüsesuppe.

b. Ich nehme **als Hauptgericht** das Schnitzel.

c. Wir möchten **zum Trinken** eine Flasche Mineralwasser bestellen.

d. Wir bekommen **als Dessert** den Obstsalat mit Sahne.

e. Wir trinken **nachher** eine Tasse Kaffee und eine Tasse Tee.

f. Wir möchten **jetzt** bitte bezahlen.

미니사전

s Schnitzel 커틀릿
r Obstsalat 과일샐러드
nachher 나중에
e Vorspeise 전채(前菜)
s Hauptgericht 본채
s Dessert 디저트
bezahlen …의 값을 지불하다
bestellen 주문하다
bekommen 받다(여기서는 '먹다'의 뜻)

04

해석

a. 전채로는 야채스프를 먹겠습니다.
b. 본채로는 커틀릿을 먹겠습니다.
c. 마실 것으로는 생수 한 병을 주문하겠습니다.
d. 디저트로는 크림이 든 과일 샐러드를 먹겠습니다.
e. 나중에 커피와 차를 각각 한 잔 씩 마시겠습니다.
f. 이제 계산하고 싶습니다.

정답

a. **Als Vorspeise** möchte ich eine Gemüsesuppe.
b. **Als Hauptgericht** nehme ich das Schnitzel.
c. **Zum Trinken** möchten wir eine Flasche Mineralwasser bestellen.
d. **Als Dessert** bekommen wir den Obstsalat mit Sahne.
e. **Nachher** trinken wir eine Tasse Kaffee und eine Tasse Tee.
f. **Jetzt** möchten wir bitte bezahlen.

독일정보 **독일 와인**

- 독일에서 생산되는 와인은 화이트와인입니다. 식탁용 와인(table wine)은 독일어로 Deutscher Tafelwein이라고 합니다.
- Qualitätswein(Quality wine, 고급와인)은 Qualitätswein bestimmter Anbaugebiete (QbA, 특정 생산지역의 품질와인)와 Qualitätswein mit Prädikat(QmP, 원산지 명칭 보호 고급와인)으로 세분됩니다. QmP에는 Kabinett, Spätlese, Auslese, Beerenauslese, Trockenbeeresauslese, Eiswein 등의 여섯 종류가 있습니다.
- 레스토랑과 주점에서는 보통 Glas (20 또는 25cl)로 판매됩니다.

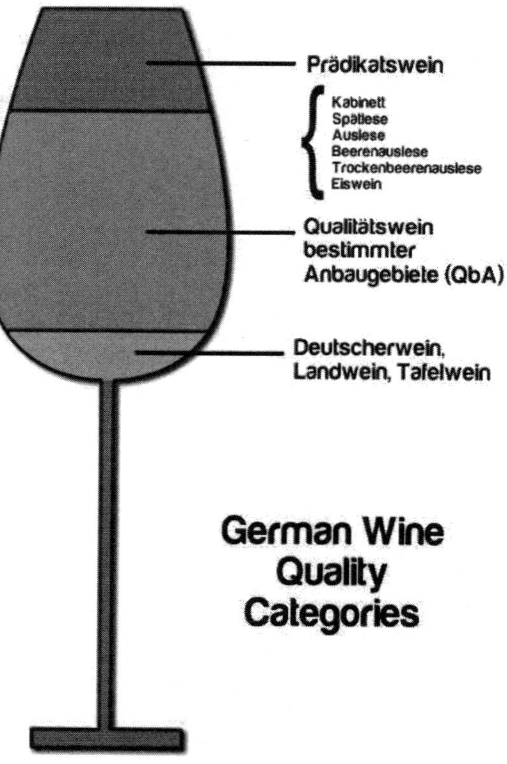

미니사전

Prädikatswein 프레디카츠바인
Qualitätswein 크발리테츠바인
Landweub 란트바인(생산지명칭 표시 와인)
Tafelwein 타펠바인(생산지 명칭 비표시와인)

02 · Sprechen

Im Laden

Herr Denk	Guten Tag, Was bekommen Sie, bitte? 안녕하세요, 뭘 드릴까요?
Frau Berger	Ich möchte zehn Brötchen, bitte. 모닝빵 10개 주세요.
Herr Denk	Sonst noch etwas? 더 원하시는 게 있습니까?
Frau Berger	Was kosten die Tomaten? 이 토마토는 얼마예요?
Herr Denk	Ein Kilo 1,20 Euro. Sie sind ganz frisch. Sonst noch etwas? 킬로에 1유로 20센트입니다. 꽤 신선합니다. 더 원하시는게 있습니까?
Frau Berger	Wie teuer ist denn der Riesling? 이 리슬링 와인은 얼마예요?
Herr Denk	Der kostet 4,50 Euro. 그건 4유로 50센트입니다.
Frau Berger	Dann nehme ich zwei Flaschen, bitte. 그럼 2병 주세요.
Herr Denk	Ist das alles? 이게 전부 입니까?
Frau Berger	Ja, das ist alles. 예. 그게 전부예요.
Herr Denk	So, das macht zusammen 5,70 Euro. 4,30 Euro zurück 그러니까, 합계 5유로 70센트입니다. 4유로 30센트 여기 있습니다.
Frau Berger	Auf Wiedersehen. 안녕히 계세요.
Herr Denk	Auf Wiedersehen. 안녕히 계세요.

대화를 읽고 물음에 대답하세요.

(a) Wie viele Brötchen kauft Frau Berger?

(b) Wie viel kosten die Tomaten?

(c) Was für Wein kauft sie?

(d) Wie viel bezahlt sie?

01

해석

(a) 베르거 부인은 모닝 빵을 몇 개 샀습니까? (b) 토마토는 값이 얼마 입니까?
(c) 베르거 부인은 어떤 종류의 와인을 삽니까? (d) 베르거 부인은 값을 얼마나 지불합니까?

정답

(a) 10개 (b) 킬로에 1유로 20센트 (c) 리슬링 와인 (d) 5유로 70센트

미니사전

Was bekommen Sie? 무엇을 드릴까요?
frisch 신선한
r Riesling (리슬링으로 만든) 백포도주
Sonst noch etwas? = 'Anything else?'
Ist das alles? = 'Is that all?', was kostet …?(단수)/was kosten…?(복수) …은 얼마입니까?
Wie teuer ist …?(단수)/ wie teuer sind …?(복수) …은 얼마입니까?
Das macht (zusammen) … 합계 …입니다
wie viele = 'how many', wie viel = 'how much', was für ein = 'what kind of …'

03 · Lesen

Sonja Ruda bestellt drei Gerichte

소냐 루다는 요리를 3가지 주문한다.

미니사전

s Gericht 음식, 요리
e Gemüsesuppe 야채스프
e Vorspeise 전채
s Hauptgericht 본채
r Nachtisch 후식
Pommes frites(pl.) [pɔmfrɪt] 감자튀김
statt dessen 그것 대신에
gemischt 혼합된, 모둠의
r Salat 샐러드
zum Nachtisch = 'for dessert'
selbstverständlich 물론
zum Trinken 마실 것으로는
r Eisbecher 아이스크림 한 컵
e Sahne 크림
Hat es geschmeckt? 맛이 있었습니까?

Sonja Herr Ober! Ich möchte bestellen. 종업원(여보세요)! 주문하겠습니다.

Kellner Bitte schön. Was möchten Sie? 알겠습니다. 뭘 드시겠습니까?

Sonja Als Vorspeise nehme ich eine Gemüsesuppe.
전채로는 야채스프를 주세요.

Kellner Eine Gemüsesuppe - und als Hauptgericht?
야채스프 하나 – 그리고 본채로는 (뭘 드시겠습니까)?

Sonja Als Hauptgericht nehme ich das Pfeffersteak mit Grilltomaten, bitte. Ich möchte aber keine Pommes frites. Kann ich statt dessen einen gemischten Salat haben?
본채로는 구운 토마토를 곁들인 후추 스테이크를 주세요. 감자튀김은 먹고 싶지 않아요. 그 대신에 모듬샐러드를 주문해도 됩니까?

Kellner Aber selbstverständlich. Und zum Trinken?
물론 됩니다. 그리고 마실 것은?

Sonja Ich nehme einen Kaffee. 커피 주세요.

… … …

Kellner So? Hat es geschmeckt? 다 드셨습니까? 맛있었습니까?

Sonja Danke. Sehr gut. 감사합니다. 아주 맛있어요.

Kellner Gut! Möchten Sie vielleicht auch etwas zum Nachtisch?
좋네요! 후식으로 뭘 좀 더 드시겠습니까?

Sonja Ja. Zum Nachtisch bekomme ich einen Eisbecher.
예. 후식으로는 크림이 든 아이스크림 한 컵 주세요.

… … …

Sonja Ich möchte bezahlen, bitte. 계산하고 싶습니다.

Kellner Einen Moment, bitte. Das macht zusammen 16,50 Euro.
잠깐만요. 합계 16 유로 50 센트입니다.

Richtig oder falsch?

(a) Als Vorspeise bekommt sie eine Suppe.

b) Sie isst das Pfeffersteak mit Pommes frites.

(c) Sie trinkt ein Glas Rotwein.

(d) Als Nachtisch hat sie einen Eisbecher mit Sahne.

(e) Zusammen macht es 18,50 Euro.

해석

(a) 전채로 그녀는 스프를 주문한다.
(b) 그녀는 감자튀김을 곁들인 후추 스테이크를 먹는다.
(c) 그녀는 레드와인을 한 잔 마신다.
(d) 후식으로 그녀는 크림이 든 아이스크림 한 컵을 먹는다.
(e) 합계 금액이 18유로 50센트이다.

정답

richtig : (a), (d), falsch : (b), (c), (e)

유용한 표현 식당에서

Ich möchte bestellen.	I'd like to order.	주문하고 싶습니다.
Als Vorspeise nehme ich …	As a starter I'll take …	전채로는 ... 을 먹겠습니다(주문하겠습니다).
Als Hauptgericht bekomme ich …	For main course I'll habe …	본채로는 ... 을 먹겠습니다.
Als Nachspeise möchte ich …	For dessert I'd like …	후식으로는 ... 을 하고 싶습니다.
Ich möchte bezahlen.	'd like to pay.	계산하고 싶습니다.

Ich esse gern Kuchen. I like (eating) cake. 나는 케이크를 즐겨 먹는다.

Ich trinke gern Wein. I like (drinking) wine. 나는 와인을 즐겨 마신다.

Essen Sie gern Fleisch? Do you like (eating) meat? 고기를 즐겨 먹습니까?

Trinken Sie gern Kaffee? Do you like (drinking) coffee? 커피를 즐겨 마십니까?

발음정보 s, 's'는 단어 속의 위치에 따라 다양하게 발음되지요!

- 단어나 음절의 첫머리 s는 영어의 z처럼 발음됩니다.
  Saft, Sie, sehr, Sohn → [자프트], [지 :], [제 : 어], [조 : ㄴ]
  gesund, lesen, Musiker, reisen → [게준트], [레젠], [무지커], [라이젠]
- 단어나 음절의 마지막 s는 영어의 s처럼 [s]로 발음됩니다.
  Eisbecher, Auskunft, arbeitslos
→ [아이스베혀], [아우스쿤프트], [아르바이츠로스]

제9장

01 · Grammatik

1. 불규칙 동사

- 이 장에서는 **lesen, essen, sprechen** 같은 동사를 배웁니다. 이들은 단수 2인칭 **du**와 3인칭 **er, sie es**에서 동사어간의 모음이 바뀌지요. 이런 동사를 '불규칙동사(강변화동사)'라고 합니다.

	lesen	**essen**	**sprechen**	**nehmen**	**fahren**
ich	lese	esse	spreche	nehme	fahre
du	liest	isst	sprichst	nimmst	fährst
er/es/sie	liest	isst	spricht	nimmt	fährt

Ich ***lese*** Krimis. ***Liest*** du auch Krimis?
나는 범죄소설을 읽고 있다. 너도 범죄소설을 읽고 있니?

Paula ***fährt*** heute nach Frankfurt. 파울라는 오늘 프랑크푸르트로 (차를 타고) 간다.

Ich ***spreche*** Französisch. ***Sprichst*** du auch Chinesisch?
나는 프랑스어를 한다. 너도 프랑스어를 하니?

- 이런 동사는 복수형에서는 규칙동사처럼 규칙 어미를 취합니다.

wir	lesen	essen	sprechen	nehmen	fahren
ihr	lest	esst	sprecht	nehmt	fahrt
sie	lesen	essen	sprechen	nehmen	fahren

2. Wohin gehen Sie? (in + 4격 명사구)

1격		4격		
der		in den	Park. Biergarten.	나는 공원에 갑니다. 나는 맥주 가든에 갑니다.
die	Ich gehe … 나는	in die	Oper. Kneipe.	나는 오페라를 보러 갑니다. 나는 주점에 갑니다.
das		ins	Kino. Restaurant.	나는 영화를 보러 갑니다. 나는 레스토랑에 갑니다.

- 전치사 **in** 다음에 장소이동을 나타내는 표현이 오면 '4격 명사구'가 오며, 질문은 **wohin?**으로 합니다.

Frau Norbert geht jeden Tag **in den** *Stadtpark.*
노르베르트 부인은 매일 시립공원에 간다.

Herr Gerber geht zu oft **in die** *Kneipe.*
게르버 씨는 너무 자주 주점에 간다.

Heike geht sehr oft **ins** *Kino.*(⇨ **in das → ins**)
하이케는 매우 자주(뻔질나게) 영화를 보러 간다.

3. gern

- 어떤 일하기를 좋아한다고 말할 때 동사와 함께 사용합니다.

Ich koche **gern.** 나는 요리하기를 좋아한다.

Ich spreche **gern** Deutsch. 나는 독일어 말하기를 좋아한다.

Ich arbeite **gern** im Garten. 나는 정원에서 일하는 것을 좋아한다.

- 어떤 일하기를 좋아하지 않는다고 말할 때에는 **nicht**를 추가합니다.

Ich schwimme **nicht gern.** 나는 수영하기를 좋아하지 않는다.

Ich jogge auch **nicht gern.** 나는 조깅하는 것도 좋아하지 않는다.

- '좋아한다'는 것을 나타내는 또 다른 표현이 불규칙동사 **mögen**입니다.

Ich ***mag*** Musik. ***Mögt*** ihr auch Musik?
나는 음악을 좋아한다. 너희들도 음악을 좋아하니?

Magst du Musik? 너는 음악을 좋아하니?

Ich ***mag*** Musik. 나는 음악을 좋아한다.

ich **du** **er/es/sie**	mag magst mag	**wir** **ihr** **sie/Sie**	mögen mögt mögen

- 독일어 학습자들은 **gern**과 **mögen**을 혼동하기도 합니다. 차이는 **mögen**은 명사하고만 사용할 수 있고(***Ich mag Musik.***), 다른 동사와 함께 사용할 수 없습니다(틀림: Ich **mag** Musik **hören**.).

Ich spiele gern Fußball.
나는 축구하기를 좋아한다.

Ich **mag** Fußball.
나는 축구를 좋아한다.

Ich lerne gern Deutsch.
나는 독일어 배우기를 좋아한다.

Ich **mag** Deutsch.
나는 독일어를 좋아한다.

Ich höre gern Britpop.
나는 영국 팝송 듣기를 좋아한다.

Ich **mag** Britpop.
나는 영국 팝송을 좋아한다.

4. 동사의 명사형

- 대부분의 동사는 명사(즉, 동명사)로도 사용되는데, 그러면 성은 '중성'입니다.

schwimmen → das Schwimmen
수영하다 → 수영하기

joggen → das Joggen
조깅하다 → 조깅하기

reisen → das Reisen
여행하다 → 여행하기

02 · Practice

01 주어진 동사를 알맞게 고쳐 넣으시오.

a. (　　) du gern Pizza? (essen)

b. Sein Hobby (　　) Kino. (sein)

c. (　　) du Deutsch? (sprechen)

d. Er (　　) Karten. (spielen)

e. (　　) ihr Deutsch? (sprechen)

f. Ich (　　) Zeitung. (fotografieren)

g. Er (　　) Zeitung. (lesen)

h. Ihre Hobbys (　　) Sport und Reisen. (sein)

미니사전

e Pizza 피자
s Hobby 취미
e Karte 카드(⇨ Karten spielen 카드놀이를 하다)
fotografieren 사진을 찍다

02 Wie heißen die Verben?

Fußball → spielen

a. nach London → (　　) b. im Schwimmbad → (　　)

c. Schach → (　　) d. ein Buch → (　　)

e. Rock-Musik → (　　) f. Pasta → (　　)

미니사전

s Pasta 파스타
s Schach 체스
s Schwimmbad 수영장

해석

01 a. 너는 피자를 즐겨 먹니? b. 그의 취미는 영화보기이다. c. 너는 독일어를 하니? d. 그는 카드놀이를 한다.
e. 너희들은 독일어를 하니? f. 나는 신문을 (사진으로) 찍는다. g. 그는 신문을 읽는다.
h. 그들의(그녀의) 취미는 스포츠와 여행이다.

02 [보기] 축구를 하다
a. 런던으로 (차를 타고) 가다, b. 수영장에 가다, c. 장기놀이를 하다, d. 책을 읽다, e. 록음악을 듣다,
f. 파스타를 먹다

정답

01 (a) fahren (b) gehen (c) spielen (d) lesen (e) hören (f) essen

02 (a) Isst (b) ist (c) Sprichst (d) spielt (e) Sprecht (f) fotografiere (g) liest (h) sind

03 보기처럼 질문에 대답을 하시오.

보기

질문	대답
Sprechen Sie gern Deutsch?	Ja, ich spreche ***gern / sehr gern*** Deutsch. Nein, ich spreche ***nicht gern*** Deutsch.

질문	대답
a. Lesen Sie gern Zeitung?	______________________
b. Hören Sie gern Elvis Presley?	______________________
c. Essen Sie gern Pizza?	______________________
d. Reisen Sie gern?	______________________
e. Arbeiten Sie gern im Garten?	______________________
f. Trinken Sie gern Bier?	______________________
g. Gehen Sie gern ins Kino?	______________________
h. Kochen Sie gern?	______________________

미니사전

Zeitung lesen 신문을 읽다
Pizza essen 피자를 먹다
gern reisen 여행하기를 좋아하다
r Garten 정원
ins Kino gehen 영화를 보러가다.
gern kochen 요리하기를 좋아하다

03

해석

보기

질문	대답
당신은 즐겨 독일어를 말합니까?	예, 나는 독일어 말하기를 (아주)좋아합니다. 아뇨, 나는 독일어 말하기를 좋아하지 않습니다.

a. 당신은 신문을 즐겨 읽습니까?
b. 당신은 즐겨 엘비스 프레슬리 노래를 듣습니까?
c. 당신은 즐겨 피자를 먹습니까?
d. 당신은 즐겨 여행을 하십니까?
e. 당신은 정원에서 즐겨 일하십니까?
f. 당신은 맥주를 즐겨 마십니까?
g. 당신은 즐겨 영화를 보러 갑니까?
h. 당신은 요리를 즐겨 하십니까?

정답

(a) Ja, ich lese gern Zeitung. (b) Ja, Ich höre gern Elvis Presley. (c) Ja, ich esse gern Pizza. (d) Ja, ich reise gern. (e) Ja, ich arbeite gern im Garten. (f) Ja, ich trinke gern Bier. (g) Ja, ich gehe gern ins Kino. (h) Ja, ich koche gern.

독일정보 **동아리(Verein) 또는 클럽(Clubs)**

- 독일 사람은 세 명만 모여도 동아리를 만든다고 할 정도로 동전수집, 노래에서부터 축구, 탁구 등에 이르는 취미 동아리나 클럽 천국입니다.
- 노래 동아리(singing clubs)의 회원만도 2백만 명이 넘고, 스포츠 동아리는 셀 수 없을 정도입니다.
- 대부분의 나라에서처럼 독일의 젊은이들은 'pop' 문화에 관심이 있고, 디스코장에 즐겨 간답니다.
- 그럼에도 독일 사람들이 여가시간에 가장 선호하는 것은 (1) TV보기 (2) 신문, 잡지 읽기 (3) 라디오 청취 (4) 전화하기 (5) 잠자기 순이라네요.

유용한 표현

질문:

Gehen Sie / Gehst du oft ins Theater? 당신은/너는 자주 연극을 보러 갑니까?
Wie oft gehen Sie / gehst du ins Restaurant? 당신은/너는 얼마나 자주 식당에 갑니까?
Gehen Sie / Gehst du gern in die Kneipe / Oper?
당신은/너는 주점에/오페라를 보러 즐겨 갑니까?

대답:

Ich gehe ***oft / manchmal / selten / nie*** ins Theater.
나는 자주/때때로/가끔/전혀 연극을 보러 가지 않습니다.
Ich gehe ***einmal die Woche / zweimal im Monat*** ins Restaurant.
나는 일주일에 한 번/한 달에 두 번 식당에 (식사하러) 갑니다.
Ich gehe (sehr) ***gern*** in die Kneipe. 나는 주점에 (아주) 즐겨 갑니다.
Ich gehe ***nicht gern*** in die Oper. 나는 오페라를 보러가는 것을 좋아하지 않습니다.

02 · Sprechen

sich kennen lernen 서로 잘 알고 지내기

미니사전

eigentlich 실제로 (= 'actually'), fotografieren 사진을 찍다 (= 'to take photos'), trainieren = 훈련하다 (='to train'), sicher 확실히, r Roman 소설, nachher = 'afterwards', 나중에, italienisch 이탈리아 음식의

Frauke Hast du eigentlich ein Hobby? 너는 취미가 있니?

Sandro Tja, ich trainiere gern und ich schwimme auch gern. Und du?
흠, 나는 운동하기를 좋아하고, 수영하는 것도 좋아해. 그런데 너는?

Frauke Ich lese gern Romane und ich fotografiere gern.
나는 소설 읽기와 사진 찍기를 좋아해.

Sandro Ach so! Und gehst du auch gern ins Kino?
아 그렇구나! 그런데 너도 즐겨 영화를 보러가니?

Frauke Oh ja! Ins Kino gehe ich sehr gern. 그럼! 영화 보러가기를 아주 좋아하지.

Sandro Und isst du gern italienisch? 그런데 너는 이탈리아 음식을 즐겨 먹니?

Frauke Ja sicher, ich esse sehr gern Pizza. 그렇고말고, 나는 피자를 아주 즐겨 먹는다.

Sandro Gut, dann gehen wir ins Kino und nachher essen wir Pizza!
좋아, 그럼 우리 영화보고 나서 피자를 먹자!

Richtig oder falsch?

a. Sandro trainiert gern.

b. Er schwimmt auch gern.

c. Frauke liest gern Zeitung.

d. Sie arbeitet auch gern im Garten.

e. Ins Kino geht sie nicht gern.

f. Sie isst gern italienisch.

g. Sandro und Frauke essen Pizza und gehen nachher ins Kino.

해석

a. 산드로는 운동하기를 좋아한다.
b. 그는 수영하는 것도 좋아한다.
c. 프라우케는 신문을 즐겨 읽는다.
d. 그녀는 정원에서 일하는 것도 좋아한다.
e. 그녀는 영화보러 가는 것을 좋아하지 않는다.
f. 그녀는 이탈리아 요리를 즐겨 먹는다.
g. 산드로와 프라우케는 피자를 먹고, 그 다음에 영화를 보러 간다.

정답

richtig : (a), (b), (d), (f), falsch : (c), (e), (g)

언어 상식 gern의 의미와 사용

Ich gehe **gern** ins Kino. I like going to the cinema.
나는 영화 보러가기를 좋아한다(나는 즐겨 영화를 보러 간다).

Ich lese **gern**. I like reading.
나는 독서를 좋아한다.

Ich esse **gern** italienisch. I like eating Italian food.
나는 이탈리아 요리를 즐겨 먹는다.

Ich lese **nicht gern**. I don't like reading.
나는 독서를 좋아하지 않는다.

Ich schwimme **nicht gern**. I don't like swimming.
나는 수영을 좋아하지 않는다.

03 · Lesen

Wie oft gehen die Deutschen aus?

독일 사람들은 얼마나 자주 외출을 하는가?

미니사전

wie oft? = 'how often?', nie = 'never', selten = 'seldom', oft = 'often/frequently', manchmal 'sometimes', immer = 'always', r Kino-Fan 영화광, r Kino-Tag 영화관 가는 날, attraktiv 매력적인, e Kunst 예술, 미술, langweilig 지루한, 지겨운, in die Disco gehen 디스코 장에 가다

Herr Protschnik (37, Bankangestellter)

Ich gehe viermal pro Woche ins Fitnesszentrum und habe wenig Zeit, etwas anderes zu machen. Am Wochenende gehe ich manchmal ins Kino, wenn es einen interessanten Film gibt. Ich gehe aber lieber ins Restaurant, meistens einmal die Woche. Ich esse sehr gern italienisch, aber ich koche auch viel zu Hause.

프로취니크 씨(37세, 은행원)

나는 일주일에 네 번 피트니스센터에 가는데, 다른 것을 할 시간은 조금밖에 없다. 재미나는 영화가 있으면, 주말에 영화를 보러 가기도 한다. 나는 그러나 식당에 밥 먹으로 가는 것을 더 좋아하는데, 대개는 일주일에 한 번 간다. 나는 이탈리아 음식을 즐겨 먹는다. 그러나 집에서 요리도 많이 한다.

Petra Kant (24, Studentin)

Ich bin ein großer Kino-Fan und gehe mindestens einmal die Woche ins Kino. Jeden Montag ist Kino-Tag, da ist es besonders billig. Ich liebe die Filme mit Tom Cruise. Er ist sehr attraktiv. Ins Museum gehe ich sehr selten, moderne Kunst finde ich langweilig. Ich gehe lieber mit Freunden in die Disco, meistens zweimal die Woche.

페트라 칸트(24세, 여대생)

나는 대단한(지독한) 영화팬인데, 적어도 일주일에 한 번은 영화를 보러 간다. 매주 월요일은 영화를 보는 날이다. 그날은 특히 값이 싸다. 나는 톰 크루즈가 나오는 영화를 좋아한다. 그는 아주 매력적이다. 박물관에는 아주 드물게 가는데, 현대예술은 지루하다고 생각한다. 나는 친구와 디스코 장에 가는 것을 더 좋아하는데, 적어도 일주일에 두 번은 간다.

a. Warum hat Herr Protschnik wenig Zeit?

b. Wohin geht er lieber: ins Restaurant oder ins Kino?

c. Wohin geht Petra Kant: in die Disco oder ins Museum?

d. Wie findet sie Tom Cruise?

해석

a. 프로취니크 씨는 시간이 별로 없는 이유가 무엇인가?

b. 그는 식당이나 영화관 중 어디로 가는 것을 더 좋아하는가?

c. 페트라 칸트는 디스코 장과 박물관 중 어디로 가는가?

d. 그녀는 톰 크루즈를 어떻게 생각하지?

정답

(a) 피트니스센터에 일주일에 네 번 가기 때문이다. (b) 식당에 밥 먹으러 가는 것을 더 좋아한다. (c) 그녀는 디스코 장에 간다. (d) 그를 아주 매력적이라고 생각한다.

제10장

01 · Grammatik

1. 시계시간

- 독일어로 일상시간 읽기

8.00 = Es ist acht Uhr.
8.10 = Es ist zehn nach acht.
8.15 = Est ist Viertel nach acht.
8.30 = Es ist halb neun.
8.45 = Es ist Viertel vor neun.
8.50 = Es ist zehn neun.

> **미니사전**
> Wie spät ist es? 몇 시입니까?
> vor 전
> nach 후
> halb 30분
> Viertel 15분

- 영어로 일상시간 읽기

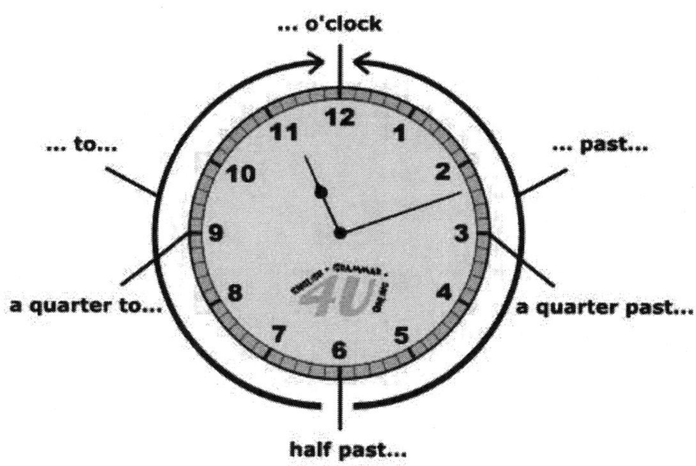

15분 후: a quarter past

7.15 - fifteen minutes past seven (= Viertel nach sieben)

15분 전: a quarter to

7.45 - fifteen minutes to eight (= Viertel vor acht)

30분 후: half past

5.30 - half past five (= halb sechs)

- 독일어로 일상시간 읽고 말하기

Wie spät ist es jetzt? 지금 몇 시죠?

Es ist neun Uhr. 9시예요.

09:00 neun Uhr

09:05 fünf nach neun (neun (Uhr) fünf라고도 함)

09:15 Viertel nach neun

09:20 zwanzig nach neun, zehn vor halb zehn

09:30 halb zehn

09:40 zwanzig vor zehn, zehn nach halb zehn

09:45 Viertel vor zehn

2. 분리동사

- ***auf*stehen, *an*fangen, *an*rufen** 같은 동사는 문장에서 첫 번째 부분(접두사 또는 전철이라 함, 예: **auf-, an-**)은 핵심부분(= 기본 동사의 어간, 예: **steh-, fang-, ruf-**)과 분리되어 문장 끝으로 이동하는데, 이런 동사를 분리동사(trennbare Verben)라고 합니다.

aufstehen	일어나다	Frau Haase steht ***auf***. 하제 부인은 일어선다(기상한다).
anfangen	시작하다	Die Arbeit fängt um 9 Uhr ***an***. 업무는 정각 9시에 시작된다.
einkaufen	구입하다	Sie kauft im Supermarkt ***ein***. 그녀는 슈퍼에서 장을 본다.
anrufen	전화하다	Sie ruft eine Kundin ***an***. 그녀는 여자 고객에게 전화를 한다.
fernsehen	TV보다	Sie sieht manchmal ***fern***. 그녀는 때때로 텔레비전을 본다.

- 독일어의 분리접두사 **auf, an** 등은 현재시제에서는 항상 문장의 끝에 위치한다는 점을 기억해야 합니다.

Ich	stehe	um sieben	**auf**	7시 정각에 일어난다.
Ich	räume	mein Zimmer	**auf**	내 방을 정돈한다.

3. 문장에서 동사의 위치

- 독일어 문장에서 동사는 항상 '두 번째 자리'에 위치하지요. 문장의 첫 번째 자리는 부사어나 다른 성분들(주어, 목적어, 보어 등)로 채워질 수 있습니다.

해석
나는 아침식사로 커피 한 잔을 마신다.
아침식사로 나는 커피 한 잔을 마신다.
커피 한 잔을 나는 아침식사로 마신다.
보통 나는 커피 한 잔을 마신다.

I	II	III	IV
Ich	trinke	eine Tasse Kaffee	zum Frühstück.
Zum Frühstück		ich	eine Tasse Kaffee.
Eine Tasse Kaffee		ich	zum Frühstück.
Normalerweise		ich	eine Tasse Kaffee.

- 두 문장을 연결하는 **und, aber**는 어순에 영향을 미치지 않습니다. 즉, 정치어순(주어+정동사+…)을 취하지만, **und**나 **aber** 다음에 다른 성분들(예, **danach, dann,** 목적어, 부사어 등)이 오면 도치어순을 취합니다.

해석
나는 카페에 가고, 그 다음에 영화를 보러 간다.
먼저 나는 샤워를 하고 그리고 나서 아침을 먹는다.
나는 일찍 일어나서 신문을 읽는다.
나는 고기는 먹지 않지만, 야채를 즐겨 먹는다.

	0	I	II	III	IV
Ich gehe ins Café	und	danach	gehe	ich	ins Kino.
Zuerst dusche ich	und	dann	frühstücke	ich.	
Ich stehe früh auf	und	ich	lese	Zeitung.	
Ich esse kein Fleisch,	aber	Gemüse	esse	ich	gern.

발음 정보 움라우트가 추가되는 명사 복수형

Tochter - Töchter
딸 – 딸들

Koch - Köche
요리사 – 요리사들

Mutter - Mütter
어머니 – 어머니들

Kuss - Küsse
키스 –키스들

Bruder - Brüder
남동생 – 남동생들

Sohn - Söhne
아들 아들들

02 · Practice

01 시간읽기. Richtig oder falsch?

a. 21:00

□ Es ist einundzwanzig Uhr.

b. 17:30

□ Es ist siebzehn Uhr dreißig.

□ Es ist siebzehn Uhr und dreißig Minuten.

c. 8:30

□ Es ist acht Uhr dreißig.

□ Es ist acht Uhr und dreißig Minuten.

d. 14:56

□ Es ist vierzehn Uhr sechsundfünfzig.

□ Es ist vierzehn Uhr und sechsundfünfzig Minuten.

01

정답

a. 21:00 - richtig

b. 17:30 - □ Es ist siebzehn Uhr dreißig.

c. 8:30 - □ Es ist acht Uhr dreißig.

d. 14:56 - □ Es ist vierzehn Uhr sechsundfünfzig.

02 얼마나 많은 분리동사를 알고 있나요?

[접두사] **fern, auf, an, ein, ab, an**

a. _____rufen b. _____sehen

c. _____stehen d. _____kaufen

e. _____fangen f. _____holen

02

해석

a. 전화하다 b. 텔레비전을 보다 c. 일어나다 d. 구매하다 e. 시작하다 f. 마중가다

정답

(a) an (b) fern (c) auf (d) ein (e) an (f) ab

03 Reinband씨의 하루를 메모한 것입니다. 이것을 이야기체로 보기처럼 써 보세요.

보기

Um halb sieben steht er auf. Um sieben Uhr fährt er …

6:30 aufstehen - 7:30 zur Arbeit fahren - 9:00 Frau Gerhard anrufen - 12:30 zur Bank gehen - 17:00 einkaufen - 19:00 mit Bernd, Helga und Ulrike in die Kneipe - 22:00 fernsehen

03

해석

정각 6시30분에 그는 일어난다. 정각 7시에 출근한다. 정각 9시에 게르하르트 부인에게 전화한다. 정각 12시 30분에 은행에 간다. 정각 6시에 장을 본다. 정각 7시에 베른트, 헬가, 울리케와 함께 주점에 간다. 10시에 TV를 본다.

정답

Um halb sieben steht er auf. Um sieben Uhr fährt er zur Arbeit. Um neun Uhr ruft er Frau Gerhard an. Um halb eins geht er zur Bank. Um fünf Uhr kauft er ein. Um sieben Uhr geht er mit Bernd, Helga und Ulrike in die Kneipe. Um zehn Uhr sieht er fern.

04 여러분은 일요일에 무엇을 하세요? 아래의 Fabio Benzheim의 글에 기대어 여러분의 일요일 이야기를 써 보세요. 이때 dann, danach, anschließend, meistens 등을 사용하여 글을 매끄럽게 연결하여 보세요.

Normalerweise schlafe ich am Sonntag immer lange. Ich stehe meistens um 10 Uhr auf und dann dusche ich erstmals. Danach frühstücke ich und lese die Sonntagszeitung. Manchmal stehe ich ganz früh auf und jogge, aber das ist selten. Meistens kochen meine Freundin und ich zusammen Mittag und wir essen ohne Stress und trinken Wein. Anschließend treffen wir oft Freunde und abends gehen wir dann ins Kino. Später gehen wir dann vielleicht noch in die Kneipe. Und dann gehen wir nicht so spät ins Bett. Am Montag stehe ich wieder um sieben Uhr auf.

미니사전

normalerweise 보통, **erstmals** 처음, 먼저, **e Sontagszeitung** 일요신문, **joggen** 조깅하다, **Mittag kochen** 점심을 요리하다, **ohne Stress** 편안히, **anschließend** 이어서, **aufstehen** 일어나다

04

해석

보통 나는 일요일에는 언제나 잠을 많이 잔다. 대개는 정각 10시에 일어나서 먼저 샤워를 한다. 그 다음에 아침을 먹고, 일요신문을 읽는다. 때때로 꽤 일찍 일어나서 조깅을 한다. 그러나 이런 일은 드물다. 대개는 내 여자 친구와 나는 함께 점심 요리를 하고, 편안히 식사를 하면서 와인을 마신다. 이어서 우리는 친구들을 만나기도 하는데, 저녁에는 영화를 보러 간다. 그리고는 늦게 우리는 주점에 더 들리기도 한다. 그런 다음에 우리는 늦지 않게 잠자리에 든다. 월요일에 나는 다시 정각 7시에 일어난다.

02 · Sprechen

Die Uhrzeit 시계시간

Dialog 1.

A: Mensch, sag' mal Klaus, wie viel Uhr ist es denn jetzt?
재기랄, 그런데 클라우스야, 지금 도대체 몇 시니?

B: Warte mal, … kurz vor halb sieben.
잠깐만, … 6시 반 직전이야.

A: Was, schon so spät. Dann muss ich los.
뭐라고, 벌써 시간이 그렇게 지났어. 그럼 난 가야 돼.

Dialog 2.

A: Sag mal, ist das denn schon neun Uhr? 그런데, 시간이 벌써 9시야?

B: Nee, das ist noch keine neun. Meine Uhr zeigt 10 vor neun.
아니, 아직 9시가 안됐어. 내 시계로는 9시 10분 전이야.

A: Ach so. Na gut, dann habe ich noch 'n bisschen Zeit.
아 그래. 좋아, 그럼 아직 시간이 좀 있네.

Dialog 3.

A: Entschuldige, Birgit. Weißt du, wie spät es ist? 미안한데, 비르키트야. 몇 시야?

B: Ja, halb fünf. 응, 4시 반이야.

Dialog 4.

A: Entschuldigung, wie viel Uhr ist es, bitte? 미안한데, 몇 시야?

B: Ääh, Viertel vor neun. 애, 9시 15분 전이야.

A: Vielen Dank. 고마워.

B: Gern geschehen. 천만에.

미니사전

Mensch (거친 호칭으로) 야, 이봐, Warte mal 잠깐만, 'n bisschen = ein bisschen 약간, Entschuldige/Entschuldigung 미안(해)!, Gern geschehen 천만에

독일정보 **Arbeitstag과 Feierabend**

- 독일은 하루 일과가 우리나라보다 일찍 시작하는 경향이 있습니다. 사무실과 학교는 대략 8시에 시작합니다. 베이커리나 시장의 소매상인들은 대략 새벽 3시 30분 또는 4시부터 가게 업무를 시작합니다..
- Der Feierabend, 곧 하루 일과가 끝나는 시간은 퇴근시간을 의미하지요. 그래서 독일에서는 퇴근시간을 이렇게 질문하고 대답합니다.

  Wann hast du Feierabend? - Ich habe um vier Uhr Feierabend.

  퇴근시간이 언제지? - 정각 4시면 퇴근이야

03 · Lesen

Ein typischer Tag 전형적인 날

[1] Es ist 7 Uhr 10. Frau Haase steht auf. Danach duscht sie und frühstückt. Normalerweise isst sie ein Brötchen und trinkt Kaffee.

7시 10분이다. 하제 부인은 기상한다. 그런 다음에 그녀는 샤워를 하고 아침을 먹는다. 보통 모닝빵 하나를 먹으며 커피를 마신다.

[2] Um Viertel vor acht geht sie (normalerweise) aus dem Haus. Sie geht ins Büro. Ihre Arbeit fängt um halb neun an.

정각 8시 15분 전에 그녀는 보통 집에서 나간다. 사무실로 간다(출근한다). 그녀의 업무는 정각 8시 반에 시작된다.

[3] Frau Haase arbeitet in einer Bank. Um 10 Uhr ruft sie eine Kundin an. Danach schreibt sie einen Brief. Um halb zwölf macht sie Mittagspause.

하제 부인은 은행에서 근무한다. 정각 10시에 그녀는 여성 고객에게 전화한다. 그런 다음에 편지를 쓴다. 정각 11시 반에 점심휴식을 갖는다.

[4] Um Viertel nach fünf hat sie Feierabend. Dann geht sie in den Supermarkt und kauft ein. Um sechs Uhr ist sie wieder zu Hause. Um Viertel nach sechs isst sie zu Abend.

정각 5시 15분에 그녀는 종업(퇴근)을 한다. 그런 다음 슈퍼에 가서 장을 본다. 정각 6시에 다시 집에 있다. 정각 6시 15분에 그녀는 저녁을 먹는다.

[5] Um sieben Uhr holt sie eine Freundin von der Arbeit ab. Sie gehen zusammen ins Kino und dann in die Kneipe.

정각 7시에 그녀는 여자 친구를 일터에서부터 데리고 온다. 그들은 함께 영화를 보러간다. 그런 다음에 주점에 간다.

[6] Um halb elf ist sie wieder zu Hause. Sie sieht noch ein bisschen fern. Sie sieht die Nachrichten. Sie sieht aber nur selten fern. Um halb zwölf geht sie dann ins Bett.

정각 10시 반에 그녀는 다시 집에 있다. 텔레비전을 좀 더 본다. 뉴스를 본다. 그러나 텔레비전을 자주 보지는 않는다. 정각 11시 반에 잠자리에 든다.

미니사전

aufstehen = 'to get up', danach 그 다음에, frühstücken 아침을 먹다, einkaufen = 쇼핑하다, 시장을 보다 = 'to shop', normalerweise 보통, 일반적으로, ins Büro gehen 출근하다, anrufen 전화하다, r Feierabend (하루일의) 종업, e Bank 은행, e Kundin 여성고객, anfangen 시작하다, abholen = 'to pick up', fernsehen TV를 보다, dann = 그리고 = 'then', Um Viertel nach fünf hat sie Feierabend 5시 15분에 그녀는 퇴근한다. zu Abend essen 저녁을 먹다, zusammen gehen 같이 가다, e Kneipe 주점, e Nachricht 뉴스, ins Bett gehen 자러 가다, 잠자리에 들다

제11장

01 · Grammatik

1. 화법동사 können, müssen, möchten

- 동사들 중 독특한 그룹을 이루는 것이 '화법(조)동사'입니다.
- 그러면 예를 들어 können은 왜 화법동사 또는 화법조동사라고 할까요? 영어의 can은 항상 조동사로만 사용되지만, 독일어의 können은 조동사뿐 아니라 본동사로도 사용될 수 있어서 '화법(조)동사'라고 넓은 의미로 사용한답니다.

I *can* speak English. (조동사)
Ich *kann* Englisch. (본동사)
Ich *kann* morgen ins Kino gehen. (조동사)

- 화법동사는 일반 동사와는 다른 특징이 있습니다. 특히 단수 인칭 **(ich, du, er/sie/es)**의 활용어미가 독특하게 변화를 하므로 잘 외어둡시다.

	können	**müssen**	**möchten**	**wollen**
ich **du** **er/es/sie**	kann kannst kann	muss musst muss	möchte möchtest möchte	will willst will
wir **ihr** **sie/Sie**	können könnt können	müssen müsst müssen	möchten möchtet möchten	wollen wollt wollen
의미	능력/가능 할 수 있다	필연 해야 한다	소망 하고 싶다	의도 작정이다

- 화법동사는 대개는 다른 동사와 함께 사용됩니다. 그러면 화법동사는 조동사가 되지요. 다른 동사인 본동사는 원형동사가 되어 문장의 끝에 위치합니다. 예를 들어 "Ich kann morgen ins Kino gehen.(나는 내일 영화를 보러 가도 괜찮다.)"에서 **kann**은 조동사로서 문장의 두 번째에, **gehen**은 원형동사로서 문장의 끝에 위치합니다.

  - **möchten**은 동사 **mögen**(= to like)의 또 다른 형태입니다.

    Er ***kann*** sehr viel Bier trinken. (= 능력)
    그는 맥주를 아주 많이 마실 수 있다.

    Ich ***muss*** morgen nach Berlin fahren. (= 필연)
    나는 내일 베를린으로 (차를 타고) 가야 한다.

    Ich ***möchte*** heute Abend ins Kino gehen. (= 소망)
    나는 오늘 저녁에 영화를 보러 가고 싶다.

    Ich ***will*** Deutsch lernen (= 의도)
    나는 독일어를 배우고 싶다.

    Kirsten und Frank ***wollen*** mitkommen (= 의도)
    기르스텐과 프랑크는 함께 가고 싶어 한다.

    Ich ***kann*** morgen früh aufstehen. (= 가능)
    나는 내일 아침 일찍 일어날 수 있다.

    Kannst du mich vom Flughafen abholen? (= 가능)
    너는 나를 데리러 공항에 마중을 나올 수 있니?

2. 전치사 : 3격 지배와 4격 지배의 차이

- 한 지점에서 다른 지점으로의 이동을 표현할 때 : 4격 지배 전치사 사용

  Wir gehen **ins** Kino. (**ins**는 **in das**의 축약형)
  우리는 영화를 보러 간다. (직역: 나는 영화관 안으로 들어간다.)

- 초점이 지점이나 장소에 있을 때 : 3격 지배 전치사 사용

  Wir treffen uns **im** Kino. (**im**은 **in dem**의 축약형)
  우리는 영화관에서 만난다. (직역: 우리는 영화관 안에서 만난다.)

성	이동	장소
남성	Er geht **in den** Biergarten. 그는 맥주 가든에 간다. Ich gehe **in den** Park. 나는 공원에 간다. Ich gehe **auf den** Flohmarkt. 나는 벼룩시장에 간다.	Er ist **im** Biergarten. 그는 맥주 가든에 있다. Ich bin **im** Park. 나는 공원에 있다. Ich bin **auf dem** Flohmarkt. 나는 벼룩시장에 있다.
여성	Frauke geht **in die** Kneipe. 프라우케는 주점에 간다. Ich gehe **auf die** Party. 나는 파티에 간다.	Sie trinkt **in der** Kneipe. 그녀는 주점에 있다. Ich bin **auf der** Party 나는 파티장에 있다..
중성	Heike gehen **ins** Restaurant. 하이케는 식당에 (들어)간다. Ich gehe **ins** Museum. 나는 박물관에 간다. Wir fahren morgen **aufs** Land. 우리는 내일 시골에 간다.	Sie isst **im** Restaurant. 그녀는 식당에서 식사한다. Ich bin **im** Museum. 나는 박물관에 있다. Wir haben ein Haus **auf dem** Land. 우리는 시골에 집이 있다.

언어 정보 3격(Dativ)과 4격(Akkusativ) 지배 전치사 (요약)

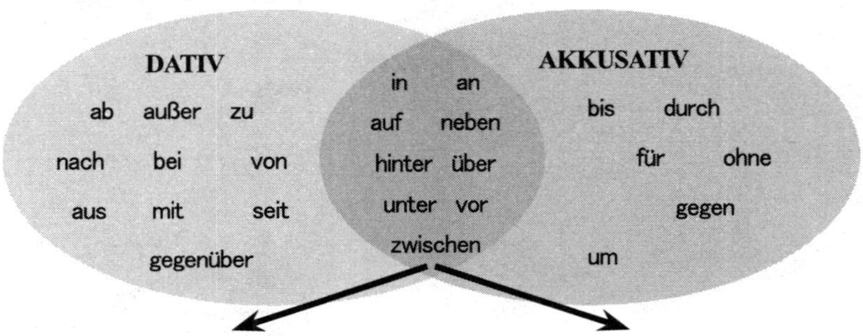

	Wo?→DATIV(장소, 3격)		WOHIN?→AKKUSATIV(이동, 4격)
der Kasten	in ***dem*** Kasten	der Kasten	in ***den*** Kasten
die Lade	in ***der*** Lade	die Lade	in ***die*** Lade
das Regal	in ***dem*** Regal	das Regal	in ***das*** Regal
die Mappen	in ***den*** Mappen	die Mappen	in ***die*** Mappen

in dem ↔ im
an/auf dem ↔ am
zu dem ↔ zum zu der ↔ zur
bei dem ↔ bein

in das ↔ ins
an das ↔ ans

미니사전

r kasten 상자,
e Lade 서랍,
s Regal 선반,
e Mappe 서류철

3격(장소) 또는 4격(이동) 지배 전치사들

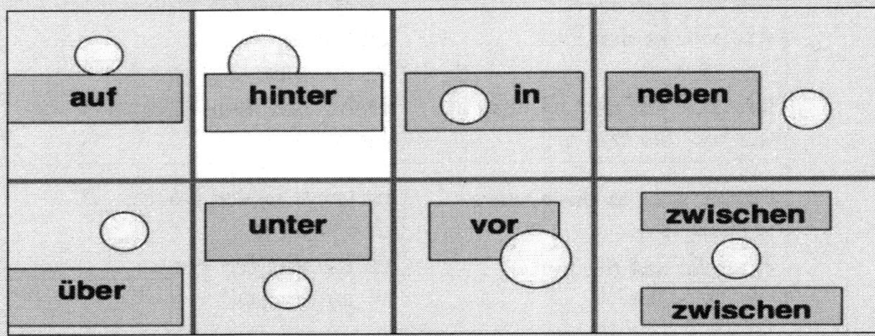

Er sitzt auf dem Turm.	그는 스프링보드 위에 앉아 있다.
Er steigt auf den Turm.	그는 스프링보드 위로 올라간다.
Er sprint in das Schwimmbad.	그는 수영장 안으로 뛰어내린다.
Rocko steht hinter dem Baum.	로코는 나무 뒤에 서 있다.
Rockine geht hinter den Baum.	로키는 나무 뒤로 간다.
Er l uft über die Wiese.	그는 초원 위로 달려간다.
Er setzt sich zwischen die Stühle.	그는 의자들 사이에 앉는다.
Sie steht neben den Stühlen.	그녀는 의자들 옆에 서 있다.
Sie läuft unter den Schirm.	그녀는 우산 밑으로 달려간다.
Sie steht im Schwimmbad.	그녀는 수영장 안에 서 있다.

02 · Practice

01 Wie heißt es richtig? 올바른 순서로 재구성해 보세요.

a. ein Stück von Shakespeare - im Theater - man - kann - sehen.

b. möchte - heute - gehen - Abend - in die Kneipe - er

c. sehr gut - Tango tanzen - er - kann

d. kann - man - was - machen? - in London

e. essen gehen - ich - möchte - am Dienstag

f. sprechen - Frau Johnson - Deutsch - kann - sehr gut

g. heute - Herr Krause - arbeiten - muss - bis acht Uhr

h. nach New York - Frau Dr. Schmidt - fliegen - am Montag - muss

미니사전

s Stück 연극,
s Theater 극장,
am Dienstag 화요일에,
bis acht Uhr 8시까지

01

해석

a. 극장에서는 셰익스피어의 연극을 볼 수 있다.
b. 그는 오늘 저녁에 주점에 가고 싶어 한다.
c. 그는 탱고를 아주 잘 출 수 있다.
d. 런던에서는 무엇을 할 수 있을까?
e. 나는 화요일에 식사를 하러 가고 싶다.
f. 존슨 부인은 독일어를 매우 잘 말할 수 있다.
g. 크라우제 부인은 오늘 8시까지 근무해야 한다.
h. 슈미트 박사는 월요일에 뉴욕으로 (비행기를 타고) 가야 한다.

정답

a. Im Theater kann man ein Stück von Shakespeare sehen.
b. Er möchte heute Abend in die Kneipe gehen.
c. Er kann sehr gut Tango tanzen.
d. Was kann man in London machen?
e. Ich möchte am Dienstag essen gehen.
f. Frau Johnson kann sehr gut Deutsch sprechen.
g. Herr Krause muss heute bis acht Uhr arbeiten.
h. Frau Dr. Schmidt muss am Montag nach New York fliegen.

02 서로 어울리는 것끼리 연결하여 최소대화를 완성하세요.

(1) Wo kann man einen Cognac trinken?	a. Im Restaurant
(2) Wo kann man einen Film sehen?	b. Im Bett.
(3) Wo kann man Englisch lernen?	c. In der Diskothek.
(4) Wo kann man typisch deutsch essen?	d. Im Supermarkt.
(5) Wo kann man einen Kaffee trinken?	e. Im Kino.
(6) Wo kann man einkaufen?	f. In der Kneipe.
(7) Wo kann man tanzen?	g. Im Café.
(8) Wo kann man schlafen?	h. in der Sprachschule

02

해석

(1) 어디서 코냑을 마실 수 있지?	a. 레스토랑에서
(2) 어디서 영화를 볼 수 있지?	b. 침대에서.
(3) 어디서 영어를 배울 수 있지?	c. 디스코텍에서.
(4) 어디서 전형적인 독일음식을 먹을 수 있지?	d. 슈퍼에서.
(5) 어디서 커피를 마실 수 있지?	e. 영화관에서.
(6) 어디서 시장을 볼 수 있지?	f. 주점에서.
(7) 어디서 춤을 출 수 있지?	g. 카페에서.
(8) 어디서 잠을 잘 수 있지?	h. 어학원에서

정답

(1) - f, (2) - e, (3) - h, (4) - a, (5) - g, (6) -d, (7) - c, (8) -b

03 빈 칸에 보기에서 알맞은 표현을 찾아 넣으세요.

보기

in die Sprachschule, ins Café, ins Kino, im Restaurant, in der Sprachschule, im Kino, im Café, ins Restaurant

a. Ich möchte einen Film sehen. Kommst du mit (　　)?

b. (　　) 'Müller' kann man sehr gut Kuchen essen.

c. Ich möchte einen Kaffee trinken. Wir gehen (　　).

d. Karsten ist Kellner (　　) 'Deutscher Michel'.

e. Er muss Englisch lernen und geht (　　) 'In Lingua'.

f. Er möchte chinesisch essen und geht (　　) 'Shanghai'.

g. (　　) gibt es einen neuen Film mit Arnold Schwarzenegger.

h. (　　) 'Lingua plus' kann man Deutsch und andere Sprachen lernen.

03

해석

a. 나는 영화를 보고 싶은데. 같이 영화 보러 갈래?
b. '뮐러' 카페의 케이크는 아주 맛있다.
c. 나는 커피를 마시고 싶다. 우리는 카페에 들어간다.
d. 카르스텐은 '도이처 미헬' 레스토랑의 종업원이다.
e. 그는 영어를 배워야 해서 '인링구아' 어학원에 다닌다.
f. 그는 중국 음식을 먹고 싶어서 레스토랑 '상하이'에 간다.
g. 영화관에는 아놀드 슈워츠네거가 나오는 새 영화가 상영중이다.
h. '링구아 플러스' 어학원에서는 독일어와 여타 언어들을 배울 수 있다.

정답

a - ins Kino, b - Im Café, c - ins Café, d - im Restaurant, e - in die Sprachschule, f. ins Restaurant, g - Im Kino, h - In der Sprachschule

04 Wie heißt die Frage?

(1) Im Schiller-Theater.

a. Wo kann man das neue Theaterstück von Elfriede Jelinek sehen?

b. Wohin geht ihr heute?

c. Was machst du heute Abend?

(2) In der Disco 'Bronx'.

a. Wohin geht ihr heute Abend tanzen?

b. Wohin möchtest du heute Abend ausgehen?

c. Wo kann man hier gut tanzen?

(3) Im Restaurant 'L'escargot'.

a. Wohin gehen Sie heute Abend?

b. Wo kann man gut Französisch essen?

c. Wie heißt das Französische Restaurant?

(4) In die Kneipe.

a. Wo ist das Bier sehr gut?

b. Wo treffen wir uns?

c. Wohin gehst du heute Abend?

04

해석

(1) 쉴러 극장에서.

a. 엘프리데 옐리넥의 새 연극을 어디에서 볼 수 있습니까?

b. 너희들은 오늘 어디로 가는 거니?

c. 너는 오늘 저녁에 뭘 하니?

(2) '브롱크스' 디스코 장에서.

a. 너희들은 오늘 저녁에 어디로 춤을 추러갈 거니?

b. 너는 오늘 저녁에 어디로 외출하고 싶니?

c. 여기서는 어디에서 춤을 잘 출 수 있지?

(3) 'L'escargot' 레스토랑에서.

a. 당신은 오늘 저녁에 어디로 가십니까?

b. 어디서 프랑스 음식을 먹을 수 있습니까?

c. 그 프랑스 레스토랑은 이름이 어떻게 되지요?

(4) 주점에서.

a. 맥주는 어디가 정말 괜찮아요?

b. 우리 어디서 만날까요?

c. 너는 오늘 저녁에 어디로 갈 거니?

정답

(1) a, (2) c, (3) b, (4) c

02 · Sprechen

Kommst du mit ins Kino?

너 우리랑 영화 보러 갈래?

Petra Hallo Simone. Na, wie geht's? 안녕 시모네. 어떻게 지내?

Simone Ganz gut. Und dir? 잘 지내. 그런데 너는?

Petra Auch ganz gut. Simone, ich möchte nächste Woche ins Kino gehen.
나도 꽤 괜찮아. 시모네, 나는 다음 주에 영화를 보러 갈 거야.

Simone Ja, gern. Und wann? 그래, 좋아. 그런데 언제 갈 거니?

Petra Kannst du am Montag? Da ist Kino-Tag.
너는 월요일에 갈 수 있겠니? 그날이 영화 보는 날이야.

Simone Tut mir leid. Am Montagabend muss ich zum Geburtstag von Birgit. Vielleicht am Mittwoch?
미안해. 월요일 저녁에는 비르기트의 생일에 가야 돼. 수요일은 어때?

Petra Am Mittwochabend muss ich meine Schwester abholen. Sie kommt aus Griechenland zurück. Geht es am Donnerstag?
수요일 저녁에는 누나를 마중가야 돼. 누나가 그리스에서 돌아와. 목 요일은 어떠니?

Simone Donnerstag ist gut. Wann fängt der Film an?
목요일은 괜찮아. 영화는 언제 시작하니?

Petra Um halb neun. Wann treffen wir uns? 정각 8시 반에. 우리 언제 만날까?

Simone Um acht vielleicht? 정각 8시 어때?

Petra Ja, acht ist gut. Und wo treffen wir uns? Im Kino oder in der Kneipe? 그래, 8시가 좋아. 그런데 어디서 만날까? 영화관 아니면 주점에서?

Simone Im Kino, das ist eine gute Idee. Also, dann bis Donnerstag.
영화관에서. 그게 좋겠어. 자, 그럼 목요일까지 안녕.

Petra Mach's gut. Bis dann. 잘해. 그때까지 안녕.

미니사전

nächste Woche 다음 주에, Geht es am Donnerstag? 목요일은 괜찮아?, Tut mir leid 미안해, am Montagabend 월요일 저녁에, Wann treffen wir uns? 우리 언제 만날까? Mach's gut = 'All the best.', Das ist eine gute Idee 좋은 생각이야

Richtig oder falsch?

a. Petra möchte einen Film mit Brad Pitt sehen.

b. Am Montag muss Simone zum Geburtstag von Birgit.

c. Am Mittwoch muss Petra ihren Bruder abholen.

d. Sie gehen am Donnerstag ins Kino.

e. Der Film fängt um halb neun an.

f. Sie treffen sich um Viertel nach acht im Kino.

해석

a. 페트라는 브레드 피트가 나오는 영화를 보고 싶어한다.

b. 월요일에 시모네는 비르기트의 생일에 가야 한다.

c. 수요일에 페트라는 자기 남동생을 마중가야 한다.

d. 그들은 목요일에 영화를 보러 간다.

e. 영화는 8시 반에 시작한다.

f. 그들은 8시 15분에 영화관에서 만난다.

정답

richtig : b, d, e, falsch : a, c, f

03 · Lesen

Heute in Hannover 오늘 하노버에서

Die Höhepunkte fürs Wochenende 주말 정점

Sonnabend 토요일

13:00 Stadtführung durch Hannovers historische Altstadt, Treffpunkt: Touristen-Information.
하노버의 역사적인 구시가지 시내관광, 만나는 장소: 여행안내소.

15:00 Fußball: DFG-Pokalrunde, Hannover 96 - Bayern München. Bayern ist der Favorit. Keine Chance für Hannover 96?
축구: DFG-포칼라운드, Hannover 96 – Bayern München. 바이에른 팀은 우승후보이다. Hannover 96 팀에게는 기회가 없는가?

20:00 Theater: *Ein Sommernachtstraum*, Klassiker von William Shakespeare, Gartentheater Herrenhausen - Vergessen Sie die Regenschirme nicht!
연극: 한여름밤의 꿈(Ein Sommernachtstraum), 윌리엄 셰익스피어의 고전작품), 'Herrenhausen' 정원극장 – 우산을 잊지 마세요!

20:30 Konzert: *Tina und die Caprifischer* spielen *Soul, Funk und Hip-Hop*, anschließend Disco, 8/5 Euro, Bad.
콘서트: 'Tina und die Caprifischer'가 소울, 펑크 그리고 힙합을 연주한다. 이어서 디스코가 있다. 8/5 유로, 목욕.

Sonntag 일요일

10:00 Fahrrad-Tour, Treffpunkt: Hauptbahnhof.
자전거 투어, 만나는 장소: 본역.

15:00 Theater: Die Abenteuer von *Aladdin* - Für Kinder und Erwachsene; anschließend Spiele, Eis, Bratwurst und Bier, Faust-Theater.
연극: 알라딘의 모험 – 조조와 성인용; 이어서 게임, 아이스크림, 구운소시지와 맥주, 파우스트 연극.

20:30 Konzert: *Melody Makers* aus Frankfurt spielen Oldies und Goldies, Brathaus Ernst August, 5 Euro.
콘서트: 프랑크푸르트 출신 Melody Makers가 올드팝과 골드팝을 연주한다, Brathaus Ernst August, 5 유로

21:00 Kino: *Terminator* 6, Arni wieder in Action - der neue Film mit dem Muskelmann. Kann er die Welt retten? Colosseum 1.
영화관: Terminator 6, 아르니(아놀드 스위즈네거), 다시 액션 – 근육맨이 나오는 새 영화. 그가 세상을 구할 수 있을까? 콜로세움 1관.

미니사전

r Höhepunkt 정점, 클라이맥스,
e Stadtführung 시내관광,
r Treffpunkt 만나는 장소,
e Pokalrunde 우승컵 라운드,
r Favorit 우승 후보,
r Regenschirm 우산,
r Muskelmann 근육맨

1. Richtig oder falsch?

a. Man kann um 13:00 Uhr eine Stadtführung machen.

b. Man kann ein Fußballspiel sehen. Hannover 96 ist der Favorit.

c. Abends kann man ins Theater gehen. Es gibt ein Stück von Goethe.

d. Um 20:30 Uhr kann man ins Konzert gehen und danach kann man tanzen.

1

해석

a. 13시에 시내관광을 할 수 있다.
b. 사람들은 축구경기를 볼 수 있다. Hannover 96 팀은 우승후보이다.
c. 저녁에 사람들은 연극을 보러 갈 수 있다. 괴테의 연극이 있다(공연된다).
d. 정각 20시 30분에 사람들은 콘서트에 갈 수 있고, 그 다음에(콘서트 이후에) 춤을 출 수 있다.

정답

richtig : a, d, falsch : b, c

2. Was kann man am Sonntag in Hannover machen?

보기

Was kann man um 10 Uhr machen? - Um 10 Uhr kann man eine Fahrrad-Tour machen.

a. Was für ein Theaterstück kann man sehen?

b. Was kann man anschließend machen?

c. Was für Musik kann man um halb neun hören?

d. Was können Schwarzenegger-Fans machen?

2

해석

- 사람들은 일요일에 하노버에서 무엇을 할 수 있을까?
[보기] 정각 10시에 무엇을 할 수 있습니까? - 정각 10시에는 자전거 투어를 할 수 있습니다.
a. 어떤 종류의 연극을 볼 수 있을까?
b. 이어서 할 수 있는 것은 무엇일까?
c. 정각 8시 반에 어떤 종류의 음악을 들을 수 있을까?
d. 슈워츠네거 팬들은 무엇을 할 수 있을까?

정답

a. Das Theaterstück für Kinder und Erwachsene kann man sehen. b. Anschließend kann man Spiele machen oder ein Eis nehmen oder Bier trinken. c. Oldies und Goldies kann man hören. d. Den neuen Film 'Terminator 6' kann man sehen.

제12장

01 · Grammatik

1. 3격 지배 전치사

- 종류: **aus, bei, mit, nach, seit, von, zu**

(1) aus(…(안에서 바깥)으로), von(…로부터)

das Haus	Er kommt aus ***dem*** Haus. 그는 집에서 나온다.
die USA	Er kommt aus ***den*** USA. 그는 미국에서 왔다.
der Park	Wie komme ich ***vom*** Park ***zum*** Supermarkt? 공원에서 슈퍼로 어떻게 가지?
die Kirche	Wie kommt man von ***der*** Kirche ***zur*** Post? 교회에서 우체국으로 어떻게 가지?
das Hotel	Ich möchte bitte ***vom*** Hotel bis zum Stadtzentrum kommen. 나는 호텔에서부터 시내까지 가고 싶습니다.

언어 정보 전치사 aus와 von의 차이

- **aus**는 **in**도 쓸 수 있는 경우(폐쇄된 공간)에 사용됩니다.
  Ich nehme das Buch ***aus*** dem Regal. 나는 그 책을 서가에서부터 뽑는다.
  Ich lege das Buch ***ins*** Regal. 나는 그 책을 서가에 꽂는다.

⇨ Das Buch liegt ***im*** Regal. 그 책은 서가에 꽂혀 있다.

- **von**은 **in**을 쓸 수 없는 경우(개방된 공간)에 사용됩니다.
  Ich komme gerade ***vom*** Strand. 나는 막 해변에서 오는 길이다.
  Ich gehe ***an den/zum*** Strand. 나는 해변으로 간다.

(2) **bei ([…회사]에서, […집]에서)**

die Firma — Er arbeitet ***bei*** der Firma Bräuer.
그는 브로이어 회사에서 근무하고 있다.

(3) **mit (…편으로, ..을 타고), zu(…(으)로)**

der Bus, Bahnhof 버스, 역	Ich fahre mit ***dem*** Bus ***zum*** Bahnhof. 나는 버스를 타고 역으로 간다.
die U-Bahn, Universität 지하철, 대학	Sie fährt mit ***der*** U-Bahn ***zur*** Universität. 그녀는 지하철을 타고 대학교에 간다.
das Auto, Stadion 자동차, 스타디움	Er fährt mit ***dem*** Auto ***zum*** Stadion. 그는 승용차를 타고 경기장으로 간다.

[대화 연습] 다음 문형을 아래의 자료들을 이용하여 연습해 보세요.

미니사전

mit dem Fahrrad 자전거를 타고,
mit dem Motorrad 오토바이를 타고,
mit dem Mofa 스쿠터를 타고,
s Luftkissenboot 호버크라프트(=hovercraft)
s Mofa 스쿠터, 소형오토바이,
e Fähre 페리호,
zu Fuß 걸어서,
r Lastwagen 트럭,
r Schiff 배,
s Flugzeug 비행기,
e Straßenbahn 트램,
r Hubschrauber 헬리콥터

(4) **nach '…로'(지명, 국명), zu : …로, …에게(사람, 건물)**

Nach der Schule gehen wir ***nach*** Hause. 방과 후에 우리는 집에 간다.

Wohin gehst du? - Ich gehe ***zu*** meinen Eltern.
너는 어디 가는 중이니? - 나는 부모님께 가는 중이야.

예외 : Ich bin jetzt zu Hause. 나는 지금 집에 있다.

(5) seit '…이래로', '…이후부터'

Ich wohne ***seit*** einem Jahr in Berlin. 나는 일 년 전부터 베를린에서 거주하고 있다.

2. 부정관사(ein, eine): 남성과 중성 3격: einem, 여성 3격: einer

남성: Er wohnt jetzt bei ***einem*** Freund.
그는 지금 친구 집에 살고 있다.

여성: Wir essen heute Abend bei ***einer*** Freundin.
우리는 오늘 저녁에 여자 친구 집에서 식사한다.

중성: Er arbeitet seit ***einem*** Jahr bei Daimler-Benz.
그는 1년 전부터 다임러 벤츠 회사에서 근무하고 있다.

언어 정보 **부정관사의 격 어미 도표**

	남성	여성	중성	복수
1격	**ein** Mann	**eine** Frau	**ein** Kind	Kinder
2격	**eines** Mannes	**einer** Frau	**eines** Kindes	Kinder
3격	**einem** Mann	**einer** Frau	**einem** Kind	Kindern
4격	**einen** Mann	**eine** Frau	**ein** Kind	Kinder

-kein과 소유관사(mein-, dein-, sein- 등)도 부정관사와 같은 격 어미변화를 합니다.

02 · Practice

미니사전

eine Fahrkarte nach Freiburg 프라이부르크 행 승차권, einfach 편도의, hin und zurück 왕복의, r Gleis 홈, umsteigen 갈아타다, 환승하다, r Direktzug 직행열차, r Zuschlag = supplement 할증요금

01 어느 대답이 가장 적합한가요?

(1) Kann ich eine Fahrkarte nach Freiburg bekommen?

□ Der nächste Zug fährt um 16.00 Uhr.

□ Das macht 54,- Euro.

□ Einfach oder hin und zurück?

(2) Wann fährt der nächste Zug nach Innsbruck?

□ Von Gleis 7.

□ In 10 Minuten.

□ Einfach oder hin und zurück?

(3) Von welchem Gleis fährt der Zug?

□ Sie müssen nicht umsteigen.

□ Gleis 10.

□ Es ist ein Direktzug.

(4) Was kostet die Fahrkarte?

□ Das macht 56,- Euro.

□ Sie brauchen einen Zuschlag.

□ Sie können mit Visa-Karte bezahlen.

01

해석

(1) 프라이부르크 행 승차권을 구입할 수 있습니까?
□ 다음 기차는 정각 16시에 출발합니다. □ 54유로입니다. □ 편도입니까 아니면 왕복입니까?

(2) 인스브루크 행 다음 기차는 언제 떠납니까?
□ 7번 홈에서. □ 10분 있으면. □ 편도입니까 아니면 왕복입니까?

(3) 몇 번 홈에서 그 기차가 출발합니까?
□ 갈아탈 필요가 없습니다. □ 10번 홈. □ 논스톱기차입니다.

(4) 승차권은 얼마입니까?
□ 56유로입니다. □ 추가요금을 내야 합니다. □ 비자카드로 지불할 수 있습니다.

정답

(1) □ Einfach oder hin und zurück? (2) □ In 10 Minuten. (3) □ Gleis 10.
(4) □ Das macht 56,- Euro.

02 알맞은 정관사를 [보기]에서 골라 넣으시오.

보기

der, dem, zum, zur

a. In Amsterdam fahren viele Leute mit (   ) Fahrrad.

b. Mit (   ) U-Bahn ist man in sieben Minuten in der Stadt.

c. In Ostberlin kann man mit (   ) Straßenbahn fahren.

d. Er fährt mit (   ) Auto nach Österreich.

e. Mit (   ) Zug kostet es 60,-Euro bis nach Freiburg.

f. In Berlin kann man schlecht parken. Frau Braun fährt immer mit (   ) U-Bahn (   ) Arbeit.

g. Herr Krause hat heute wenig Zeit und fährt mit (   ) Taxi (   ) Bahnhof.

02

해석

a. 암스테르담에서는 많은 사람들이 자전거를 타고 다닌다.
b. 지하철로는 7분이면 시내에 간다.
c. 동베를린에서는 노면전차를 타고 갈 수 있다.
d. 그는 승용차편으로 오스트리아로 간다.
e. 기차를 타고 가면 프라이부르크까지 60유로이다.
f. 베를린에서는 주차하기가 좋지 않다. 브라운 부인은 항상 지하철 편으로 출근한다.
g. 크라우제 부인은 오늘 시간이 별로 없어서 택시를 타고 역으로 간다.

정답

(a) dem, (b) der (c) der (d) dem (e) dem (f) der, zur (g) dem, zum

미니사전

s Gleis = 플랫폼, 게이트, hin und zurück 왕복, umsteigen 갈아타다, Gern geschehen 천만에!, Gute Fahrt 좋은 여행되십시오.

03 어울리는 것끼리 연결하여 대화를 완성하시오.

Herr Markt	Verkäufer
a. Vielen Dank.	1. Von Gleis 18.
b. Und von welchem Gleis fährt er?	2. Hier bitte. Das macht 60 - Euro.
c. Ich möchte eine Fahrkarte nach Köln.	3. Nein, Sie brauchen nicht umsteigen.
d. Und wann fährt der nächste Zug?	4. Gern geschehen. Gute Fahrt.
e. Hin und zurück.	5. Einfach oder hin und zurück?
f. Muss ich umsteigen?	6. In einer Viertelstunde.

03

해석

마르크트 씨	판매원
a. 감사합니다.	1. 18번 홈에서 출발합니다.
b. 그런데 몇 번 홈에서 출발하죠?	2. 여기 있습니다. 60 유로입니다.
c. 쾰른 행 승차권 하나 주세요.	3. 아닙니다, 갈아탈 필요가 없습니다.
d. 그런데 다음 열차는 언제 출발합니까?	4. 천만예요. 좋은 여행되세요.
e. 왕복표 주세요.	5. 편도입니까 아니면 왕복입니까?
f. 갈아타야 합니까?	6. 15분 있으면 출발합니다.

정답

c-5, e-2, d-6, b-1, f-3, a-4

언어 정보 mit + 3격(Dativ) : **…편으로, …을 타고**

das Fahrrad — Bettina fährt **mit dem Fahrrad.** 베티나는 자전거를 타고 간다.

das Auto — Herr Abraham fährt **mit dem Auto** in die Stadt.
아브라함은 승용차 편으로 시내에 간다.

der Zug — Paul fährt **mit dem Zug** von Hamburg nach Berlin.
파울은 기차 편으로 함부르크에서 베를린으로 간다.

der Bus — Markus fährt **mit dem Bus** für ein Wochenende nach Paris.
마르쿠스는 버스 편으로 주말에 파리에 간다.

die U-Bahn — Frau Schulz fährt **mit der U-Bahn** ins Stadtzentrum.
슐츠 부인은 지하철을 타고 시내로 간다.

zu Fuß — Markus und Hans gehen **zu Fuß.**
마르쿠스와 한스는 걸어서 간다.

독일 정보 Die Deutsche Bahn

독일 철도시스템은 1994년에 **Deutsche Bahn AG**(Aktiengesellschaft/주식회사)로 민영화되었지요. 비록 민영화되기는 하였지만 **Deutsche Bahn AG**는 연방정부의 통제를 받고 있습니다.

여러분이 독일 여행을 계획하고 있다면 **Deutsche Bahn**에서 제공하는 할인요금 체계를 잘 알면 돈을 절약할 수 있습니다. **ICE**(Inter-City Express) 할인권도 있고, **IC**(Inter-City), **EC**(Euro-City), **IR**(Inter-Regio) 같은 다른 종류의 기차 할인권도 있습니다. 'Guten-Abend-Ticket'은 아침 7시 이후부터 여행을 할 수 있는 할인권이고, 'Schönes-Wochenende-Ticket'은 주말용 특별 할인여행권이랍니다. 그리고 'Bahncard(반카드)'를 가진 여행객은 카드의 종류만큼 할인을 받을 수 있지요. 예를 들면,

할인율이 25%, 50%, 100%에 따라

Bahncard 25 = 표가격의 25% 할인
Bahncard 50 = 표가격의 50% 할인
Bahncard 100 = 표가격의 100% 할인을 받을 수 있답니다.

예를 들어 대학생들이 많이 사용하는 'Bahncard 50'은 만26세 이하의 대학생, 중고등학생, 직업교육생, 어학원학생 그리고 국제학생증을 가진 학생이면 누구나 인터넷이나 독일의 기차역내 'Reisezentrum(여행안내센터)'에서 신청할 수 있습니다.

신청 시 필요한 서류는 증명사진 1매, 학생이면 학생증이나 재학증명서(어학원, 학교), 여권이고, 신청서를 작성하고 언제부터 카드를 사용하겠다고 날짜를 지정하면 됩니다.

사용방법은 간단합니다. 예컨대 반카드 50을 만들었다면 기차표 구매 시 반카드 50의 할인을 적용해서 구입하고 기차 안에서 검표 때 승차권과 반카드를 같이 보여주면 됩니다.

반카드의 유효기간은 1년이므로 만료 전에 계약해지(Kündigung)을 해야 합니다. 그렇지 않으면 자동으로 연장되어 연회비 청구서가 오지요.

Deutsche Bahn의 최신 정보는 인터넷주소 www.bahn.de에서 얻을 수 있습니다.

02 · Sprechen

Auf dem Bahnhof 역에서

Klose Ich möchte eine Fahrkarte nach Berlin, bitte.
베를린 행 승차권 하나 주세요.

Schulze Einfach oder hin und zurück? 편도를 드릴까요? 아니면 왕복을 드릴까요?

Klose Hin und zurück, bitte. Was kostet die Fahrkarte?
왕복으로 주세요. 승차권이 얼마죠?

Schulze Das macht 53,00 Euro, inklusive ICE-Zuschlag.
ECE 할증요금 포함해서 53 유로입니다.

Klose Ja, gut. Muss ich umsteigen? 예, 좋습니다. 갈아타야 합니까?

Schulze Nein, der Zug ist direkt. 아닙니다, 그 기차는 직행입니다.

Klose Vielen Dank. 감사합니다.

Schulze Hier ist Ihre Fahrkarte und 7 Euro zurück.
여기 승차권과 거스름돈 7유로 있습니다.

Klose Und wann fährt der nächste Zug? 그런데 언제 다음 열차가 떠납니까?

Schulze Der nächste Zug fährt in 10 Minuten. 다음 열차는 10분 있으면 출발합니다.

Klose Und von welchem Gleis fährt er? 그런데 몇 번 홈에서 출발하죠?

Schulze Von Gleis 14. 14번 홈에서.

Klose Vielen Dank. 감사합니다.

미니사전

e Fahrkarte 승차권, einfach 편도(= single), hin und zurück 왕복(= return), r Zuschlag 할증요금(= supplement), Muss ich umsteigen? 갈아타야 합니까?, Von welchem Gleis fährt der Zug? 그 기차는 어느 플랫폼(트랙)에서 떠납니까?, von Gleis 14 14번 플랫폼에서.

대화를 읽고 질문에 대답하시오.

a. Wohin fährt Klose?

b. Was kostet die Fahrkarte?

c. Muss sie umsteigen?

d. Wann fährt der nächste Zug?

e. Von welchem Gleis fährt der nächste Zug?

해석

a. 클로제 부인은 어디로 차를 타고 갑니까?
b. 승차권은 얼마입니까?
c. 갈아타야 합니까?
d. 다음 열차는 언제 출발합니까?
e. 다음 열차는 몇 번 홈에서 출발합니까?

정답

(a) Er fährt nach Berlin. (b) Sie kostet 53 Euro, inklusive ICE-Zuschlag. (c) Nein. (d) Er fährt in 10 Minuten. (e) Von dem Gleis 14.

언어 정보 abfahren과 ankommen

- abfahren '(탈것이) 출발하다'
- ankommen '(탈것이) 도착하다'
- 이 동사들은 기차의 출발과 도착을 묻고 답하는 데 유용한 동사입니다.

Wann fährt der nächste Zug ab? - Er fährt um 15:07 ab.

다음 열차는 언제 떠납니까? - 15시 7분에 떠납니다.

Wann kommt er in Heidelberg an? - Er kommt um 18 Minuten nach vier an.

그 열차는 언제 하이델베르크에 도착합니까? - 4시 18분에 도착합니다.

03 · Lesen

Wie fahren sie zur Arbeit?

이들은 어떻게 출근합니까?

Frauke Gerhard (27, Studentin) 프라우케 게르하르트 (27, 여대생)

Also, ich fahre immer mit dem Fahrrad zur Universität. Das geht schnell, ist gesund und außerdem gut für die Umwelt. Von meinem Haus bis zur Uni brauche ich ungefähr 20 Minuten. Im Winter fahre ich manchmal mit dem Bus. Ich habe einen Führerschein, aber ich fahre nur selten mit dem Auto.

그러니까, 나는 항상 자전거를 타고 대학에 간다. 그게 빠르고 건강에 좋고, 또한 환경에도 좋다. (나의) 집에서 대학까지는 약 20분 걸린다. 겨울에는 버스를 타고 가기도 한다. 나는 운전면허증이 있기는 하지만, 승용차로 가는 경우는 극히 드물다.

> **미니사전**
> e Studentin 여대생, s Fahrrad 자전거, außerdem 그밖에도, e Umwelt 환경, umsteigen 갈아타다, ungefährt 대략, r Führerschein 운전면허증, e Verbindung 'connection, link'

Matthias Michaelis (34, Angestellter bei der Post)
마티아스 미하엘리스 (34, 우체국 직원)

Ich fahre meistens mit dem Bus zum Bahnhof. Dann muss ich umsteigen. Vom Bahnhof nehme ich die U-Bahn zur Arbeit. Ich habe eine Monatskarte. Bus und Bahn sind nicht so teuer und in der U-Bahn kann ich auch lesen. Die Fahrt dauert ungefähr 50 Minuten.

나는 대개 버스를 타고 역에 간다. 그리고는 갈아타야 한다. 역에서부터 지하철을 타고 일터로 간다. 나는 월정기권이 있다. 버스와 철도는 그렇게 비싸지 않고, 지하철에서는 독서도 할 수 있다. 차를 타는 시간은 약 50분 정도 걸린다.

> **미니사전**
> r Angestellte 회사원, e Post 우체국, meistens 대개, zum Bahnhof fahren 역으로 (버스를 타고) 가다, dann 그런 다음에, zur Arbeit 일터로, 근무하기 위해, e Monatskarte 월정기권, teuer 비싼, e Fahrt 차를 타고 가기, 여행, 드라이브, ungefähr 대략

Andreas (9, Schüler) 안드레아스 (9, 학생)

Meine Schule ist nicht weit, ich kann zu Fuß gehen. Meistens hole ich einen Freund ab und dann gehen wir zusammen. Ich brauche nur 10 Minuten. Im Winter fährt mich manchmal mein Vater mit dem Auto.

내가 다니는 학교는 멀지 않은데, 걸어서 갈 수 있다. 대개는 친구를 데리러가서 함께 간다. 10분밖에 안 걸린다. 겨울에는 아버지가 나를 승용차에 태우고 가신다.

> **미니사전**
> weit 먼, 멀리 떨어진, zu Fuß gehen 걸어서 가다, abholen 마중가다, 데리러가다, zusammengehen 같이 가다, manchmal 때때로

[보기]처럼 질문에 대답하세요.

보기

Wie fährt Frauke zur Universität? - Sie fährt mit dem Auto.

a. Wie lange braucht sie bis zur Uni?

b. Was macht Herr Michaelis in der U-Bahn?

c. Wie fährt er zum Bahnhof?

d. Wie kommt Andreas normalerweise zur Schule?

해석

[보기] 프라우케는 어떻게 대학에 가는가? - 그녀는 승용차를 타고 간다.
a. 그녀는 대학까지 얼마나 걸리는가?
b. 미하엘리스 씨는 지하철에서 무엇을 하는가?
c. 그는 역으로 어떻게 가는가?
d. 안드레아스는 보통 어떻게 학교에 가는가?

정답

(a) Sie braucht etwa 20 Minuten. (b) Er liest. (c) Er fährt mit dem Bus zum Bahnhof.
(d) Er geht zu Fuß zur Schule.

제13장

01 · Grammatik

- 독일 사람들은 과거의 사실을 말할 때 대개는 현재완료 시제를 사용합니다. 예컨대 spielen, kaufen 같은 동사의 현재완료 시제는 이 동사의 과거분사(*gespielt*)와 완료조동사 haben의 활용형(*habe*)으로 만들어집니다.

  Ich habe gespielt. I have played. 나는 게임을 했다.

- 그러면 과거분사는 어떻게 만들어지는 걸까요?
- 독일어 동사는 spielen처럼 동사어간에 'ge-…-t'를 추가하여 만들어지는 규칙동사(예, ***gespielt***)와, gehen처럼 동사어간의 모음이 바뀌고 또 'ge-…-t'가 아닌 'ge-…-en'을 추가하여 만들어지는 불규칙동사(예, ***gegangen***)가 있습니다.
- 여기서는 먼저 규칙동사의 과거분사를 살펴보겠습니다.

1. 규칙동사의 과거분사

● 형태: ge-동사어간-(e)t

원형동사	**haben**	**spielen**	**arbeiten**	**telefonieren**
	⬇	⬇	⬇	⬇
동사어간	hab-	spiel-	arbeit-	telefonier--
	⇩	⇩	⇩	⇩
과거분사	gehabt	gespielt	gearbeitet	telefoniert
	kaufen, machen, tanzen, kochen, frühstücken		antworten kosten	

- 동사어간이 **t, d**로 끝나면 **-t** 앞에 **-e-**가 추가됩니다: gearbeitet.
- 동사가 **-ieren**으로 끝나면 동사어간에 **-t**만 추가됩니다: telefoniert
- 기본 동사에 분리접두사(예, **ein-**)가 추가되어 있으면 접두사와 동사어간 사이에 **ge-**가 들어갑니다: einkaufen ⇨ **ein*ge*kauft**
- 기본 동사에 비분리접두사(예, **be-**)가 추가되어 있으면 접두사와 동사어간 사이의 **ge-**는 탈락합니다: **be**suchen ⇨ **be**sucht

언어 정보 **비분리접두사의 종류**

- be- (bezahlen ⇨ bezahlt) (지불하다 ⇨ 지불된), ent- (entwickeln ⇨ entwickelt) (발전시키다 ⇨ 발전된), er- (erzählen - erzählt) (이야기하다 - 이야기된), zer- (zerstören ⇨ zerstört) (파괴하다 ⇨ 파괴된) 등
- 비분리접두사가 아닌 접두사는 모두 분리접두사입니다.

2. 시제: 현재완료

● 형태: **haben(sein)의 활용형 + … + 과거분사**

Ich habe Tennis gespielt. 나는 테니스를 쳤다.

Ich habe ein Auto gekauft. 나는 승용차를 샀다.

● **haben과 sein의 활용변화**

		haben		**sein**	
시제		현재	과거	현재	과거
단수	**ich** **du** **er/es/sie**	habe hast hat	hatte hattest hatte	bin bist ist	war warst war
복수	**wir** **ihr** **sie/Sie**	haben habt haben	hatten hattet hatten	sind seid sind	waren wart waren

언어 정보 **동사 sein과 haben은 과거를 표현할 때 현재완료가 아닌 과거 시제를 사용합니다.**

Wo war Jochen gestern? Where was Jochen yesterday? 요헨은 어제 어디 있었지?

Wir waren auf dem Markt. We were at the market. 우리는 시장에 있었다.

3. 부가어로서 형용사의 4격 어미: '부정관사+형용사_+명사'

남성: **-en** Gibt es hier keinen interessant**en** Flohmarkt?
여기에는 재미나는 벼룩시장이 없습니까?

여성: **-e** Wo finde ich eine neu**e** Sonnenbrille? 새 선글라스는 어디에 있지요?

중성: **-es** Hast du mein alt**es** Hemd gesehen? 너는 내 낡은 셔츠를 보았니?

- 예문에서 형용사의 격 어미는 형용사 다음 명사의 성과 수 그리고 동사의 격 지배에 따라 형용사의 격 어미가 결정됩니다. 예를 들어, neue는 이 형용사 다음의 명사 Sonnenbrille가 단수 여성명사이고, finden이 4격 지배 동사이므로 형용사의 격 어미가 **e** (여성 단수 4격 어미)가 되는 것입니다.

언어 정보 **형용사의 격 어미 체계: '부정관사+형용사_+명사'**

	단수			복수
	남성	중성	여성	
1격	-er	-es	-e	-en
2격	-en	-en	-en	-en
3격	-en	-en	-en	-en
4격	-en	-es	-e	-en

언어 정보 **형용사가 술어적(보어)으로 사용되면 격어미가 없습니다.**

Ist dein Hemd neu? 너의 셔츠는 새것이니?

Dieser Flohmarkt ist wirklich sehr interessant. 이 벼룩시장은 정말 매우 흥미진진하다.

02 · Practice

01 아래의 동사들의 과거분사를 만들어 보세요.

(a) spielen (b) tanzen (c) machen (d) kosten

(e) frühstücken (f) kochen (g) telefonieren (h) bezahlen

(i) besuchen (j) einkaufen

01

해석

(a) 놀다 (b) 춤을 추다 (c) 행하다 (d) 값이 .. 이다 (e) 아침을 먹다 (f) 요리하다 (g) 전화하다 (h) 값을 지불하다 (i) 방문하다 (j) 구매하다

정답

(a) gespielt (b) getanzt (c) gemacht (d) gekostet (e) gefrühstückt (f) gekostet (g) telefoniert (h) bezahlt (i) besucht (j) eingekauft

02 왼쪽의 표현과 오른쪽 과거분사를 의미가 통하도록 연결하세요.

보기

a. eine Radio-Sendung - 4. gehört

a. eine Radio-Sendung	1. gebucht
b. einen Spaziergang	2. gelernt
c. mit einem Freund	3. gearbeitet
d. ein Ticket	4. gehört
e. Besuch von Freunden	5. gemacht
f. für das Englisch-Examen	6. gehabt
g. im Garten	7. gespielt
h. Tennis	8. telefoniert

02

해석

[보기] a. 라디오 방송 - iv. 들었다

a. 라디오방송, b. 소풍, c. 남자친구와 함께, d. 티켓(승차권), e. 친구들의 방문, f. 영어시험을 위해, g. 정원에서, h. 테니스	1. 예약했다, 2. 배웠다, 3. 공부했다, 4. 들었다, 5. 했다, 6. 가졌다, 7. 놀았다, 8. 전화했다

정답

a-4, b-5, c-8, d-1, e-6, f-2, g-3, h-7

03 반대말을 [보기]에서 골라 보세요.

보기

teuer - neu - altmodisch - schwer - arm - groß - langweilig - schlecht

a. klein - ( ) b. billig - ( )

c. interessant - ( ) d. alt - ( )

e. reich - ( ) f. leicht - ( )

g. modisch - ( )

03

해석

[보기] 비싼 - 새로운 - 고풍의 - 무거운 - 가난한 - 큰 - 지루한 - 나쁜

a. 작은, b. 싼, c. 재미나는, d. 낡은, e. 부유한, f. 가벼운, g. 현대풍의

정답

(a) groß (b) teuer (c) langweilig (d) neu (e) arm (f) schwer (g) altmodisch

04 Was habt ihr am Wochenende gemacht?

[보기]처럼 여러분이 한 일을 작성하여 보세요.

보기

Am Samstag waren wir in der Stadt und haben eingekauft. Wir haben um 10 Uhr zusammen gefrühstückt. …

Samstag	Sonntag
09 : 30 Milch, Brötchen, Butter und Sekt kaufen	**morgens** für das Mathe-Examen lernen
10 : 00 zusammen frühstücken	**12 : 00** Mittagessen kochen
14 : 00 Spaziergang im Stadtpark (fotografieren)	**15 : 00** Tennis mit Jürgen im Sport-Center
22 : 00 tanzen im Star-Club (bis um 03 : 00!)	**21 : 00** Sendung über Deutschland im Radio

04

해석

너희들은 주말에 뭘 했니?

[보기] 토요일에 우리는 시내에 가서 쇼핑을 했다. 우리는 10시에 함께 아침을 먹었다.

토요일	일요일
09 : 30 우유, 모닝빵, 버터와 샴페인을 사다	아침에 수학시험 공부를 하다
10 : 00 함께 아침을 먹다	12 : 00 점심을 요리하다
14 : 00 시립공원에서 산보(사진을 찍다)	15 : 00 스포츠센터에서 위르겐과 테니스하다
22 : 00 스타클럽에서 춤추다(03 : 00까지!)	21 : 00 라디오에서 독일에 관한 방송

정답

Am Nachmittag haben wir einen Spaziergang gemacht. Wir haben viel fotografiert.

Abends haben wir bis um 3 Uhr im Star-Club getanzt.

Am Sontag habe ich morgens für das Mathe-Examen gelernt.

Abends habe ich eine Sendung über Deutschland im Radio gehört.

02 · Sprechen

Sonntagmorgen 일요일 아침

미니사전

wecken 깨우다, gerade 방금, 막, einkaufen 구입하다, viel Spaß haben 즐겁다, weniger kosten 값이 … 이하이다

Angela Hallo, Ulrike. Na, wie geht's? 안녕, 울리케. 어떻게 지내니?

Ulrike Ganz gut, ich bin noch ein bisschen müde. 잘 지내, 아직 약간 피곤해.

Angela Oh, habe ich dich geweckt? 음, 내가 널 깨운 거니?

Ulrike Nein, nein, ich habe gerade gefrühstückt. 아니, 방금 아침을 먹었어.

Angela Gerade gefrühstückt? Was hast du denn gestern gemacht?
방금 아침을 먹었다고? 어제는 뭘 했니?

Ulrike Am Morgen war ich in der Stadt und habe eingekauft. Am Nachmittag habe ich Britta und Georg besucht. Abends waren wir dann zusammen in der neuen 'Mondschein-Bar' und haben bis drei Uhr getanzt. Wir haben viel Spaß gehabt. Und du?
아침에 시내에 가서 쇼핑했지. 오후에 브리타와 게오르크를 방문했다. 저녁에 새 "월광 바"에서 함께 있었는데, 3시까지 춤을 췄다. 매우 즐거웠지. 그런데 너는?

Angela Ich habe gestern Morgen einen neuen Computer gekauft und, na ja, dann den ganzen Tag mit dem Computer gespielt.
어제 아침에 새 컴퓨터를 샀는데, 종일 컴퓨터를 가지고 놀았지.

Ulrike Hast du im Internet gesurft? (?) 인터넷에서 서핑을 했니?

Angela Genau, das war schon interessant. 그럼. 재미있었어.

Ulrike Und wie viel hast du für den Computer bezahlt? 컴퓨터를 얼마 주고 샀니?

Angela 999,- Euro. Er hat 100,- Euro weniger gekostet.
999 유로 줬어. 컴퓨터가 100 유로 저렴했어.

Ulrike Und was habt ihr abends gemacht? 그런데 너희들은 저녁에 뭘 했니?

Angela Bernd und ich haben gekocht und dann noch ein bisschen klassische Musik gehört. Ganz romantisch; wie früher. Weißt du. Was machst du denn heute, Ulrike?
베른트와 나는 요리를 했고, 클래식 음악을 좀 들었어. 꽤 낭만적이었지. 옛날처럼. 너도 알잖아. 오늘 너는 뭘 할 거니, 울리케야?

Ulrike Tja, ich weißt noch nicht so genau. 흠, 아직 잘 모르겠어.

누가 무엇을 말했지요?

	Ulrike	Angela
a. Am Morgen war ich in der Stadt und habe eingekauft.		
b. Abends habe ich und Bernd schön gekocht.		
c. Wir haben viel Spaß gehabt.		
d. Wir haben klassische Musik gehört.		
e. Ich habe gestern Morgen einen neuen Computer gekauft.		
f. Am Nachmittag habe ich Britta und Georg besucht.		
g. Ich habe den ganzen Tag mit dem Computer gespielt.		
h. Abends waren wir dann zusammen in der neuen 'Mondschein-Bar' und haben bis 3 Uhr getanzt.		
I. Ich habe im Internet gesurft.		

해석

a. 아침에 시내에서 쇼핑을 했다.
b. 저녁에 나와 베른트가 요리를 했다.
c. 우리는 아주 즐거웠다.
d. 우리는 클래식 음악을 들었다.
e. 나는 어제 아침에 새 컴퓨터를 샀다.
f. 오후에 나는 브리타와 게오르크를 방문했다.
g. 나는 종일 컴퓨터를 가지고 놀았다.
h. 저녁에 우리는 함께 '월광 바'에서 3시까지 춤을 췄다.
i. 나는 인터넷에서 서핑을 했다.

정답

Ulrike: a, c, f, h, Angela: b, d, e, g, I

미니사전

nostalgisch 추억속의,
r Hausrat 가재도구,
r Schmuck 보석,
s Möbel 가구,
e Lederjacke 가죽재킷,
r Pulli 풀오버,
e Klamotte (복수형) 헌옷, 잡동사니,
fernöstlich 동아시아의,
überwiegend 주로, 특히,
r Profi -s(복수어미) 프로(선수),
verdienen (돈을) 벌다,
eng 비좁은(= narrow),
r Gang 발걸음, 걸음걸이,
Sa/So = Samstag/Sonntag(토요일/일요일)의 준말

독일정보 **Flohmärkte/Trödelmärkte 벼룩시장**

골동품과 중고품을 파는 시장이 독일에서는 매우 대중적입니다. 베를린의 Straße des 17. Juni에 있는 〈Flohmarkt Tiergarten〉은 여러분이 베를린을 여행한다면 꼭 들려야 할 곳입니다.

Flohmarkt Tiergarten(Berliner Trödelmarkt): Straße des 17. Juni, Tel: 26 55 00 96, Sa/So 8-15 Uhr

Das Angebot: Viel antiker und nostalgischer Hausrat, Schmuck und Möbel, Lederjacken, schwedische Pullis, Schuhe, Klamotten. Fernöstliches und Afrikanisches. Neuerdings: Nostalgie-Brillen (20er-60er Jahre). Preisniveau: Hoch. überwiegend Profis wollen hier verdienen. Im Sommer gibt es in den engen Gängen kaum ein Durchkommen. (Quelle: http://www.zitty.de)

벼룩시장

티어가르텐 벼룩시장: 6월 17일가에서, 전화: 26 55 00 96, 토/일: 8-15 시
상품: 꽤 오래된, 추억속의 가재도구, 보석 그리고 가구, 가죽재킷, 스웨덴 풍 풀오버, 구두, 옷, 동아시아와 아프리카산 새 물건들, 추억의 안경(20년대-60년대). 가격대: 고가. 주로 전문가들이 여기서 돈을 벌려고 한다. 여름에는 좁은 골목에서는 지나가기가 거의 불가능할 정도이다.

03 · Lesen

Auf dem Flohmarkt 벼룩시장에서

Flohmärkte sind im Moment sehr populär. Ob alt oder jung, arm oder reich, altmodisch oder trendy - jeden Samstagmorgen gehen Tausende auf den Flohmarkt. Der Tagesanzeiger wollte wissen, was den Flohmarkt so interessant macht und was die Leute kaufen. Wir haben letztes Wochenende vier Besucher interviewt.

벼룩시장은 지금은 아주 대중적이다. 늙은이나 젊은이나, 가난한 사람이나 부유한 사람이나, 고풍적인 사람이나 유행을 타는 사람이나 상관없다. 토요일 아침마다 수천 명이 벼룩시장에 간다. 타게스안차이거 일간지는 벼룩시장을 그렇게 흥미롭게 하는 것이 무엇인지 그리고 사람들이 무엇을 구입하는지 알고 싶었다. 우리는 지난 주말에 4명의 방문객과 인터뷰를 했다.

Renate und Bernd Schmidt, 42, 47. 레나테, 베른트 슈미트 부부, 42세, 47세.

Wir haben eine alte Platte von den Scorpions gekauft. Die Scorpions sind einfach super, unsere Lieblingsband. Klaus Meine hat so eine fantastische Stimme. (???) Wir haben die Platte zwei Jahre gesucht. 21 Euro ist nicht billig, aber dafür ist die Platte einfach toll.

우리는 스콜피온스의 옛 레코드판을 샀다. 스콜피온스는 정말 최고이고, 우리가 제일 좋아하는 밴드이다. 클라우스 마이네는 환상적인 목소리를 가지고 있다. 우리는 그 레코드판을 2년 동안 찾아다녔다. 21 유로는 싸지 않다. 그렇지만 그 가격에 비하면 레코드판은 정말 훌륭하다.

Annett Wunderlich, 24. 아네트 분덜리히, 24 세.

Ich habe ein neues Hemd gekauft. Für 11 Euro, aus London. Im Kaufhaus zahle ich 22 Euro oder mehr. Es sieht sehr cool aus, oder? Man kann tolle Sachen auf dem Flohmarkt finden, fast alles.

나는 새 셔츠를 샀다. 11유로에, 런던에서 생산된 것이다. 백화점에서는 22 유로나 그 이상이 될 것이다. 아주 멋져 보인다. 안 그래? 벼룩시장에서 멋진 물건들을 찾을 수 있다. 거의 모든 것을 찾을 수 있다.

Christine Brandt und Werner Eickes, 20, 30.
크리스티네 브란트와 베르너 아이케스, 20 세, 30 세.

Wir haben einen alten, mechanischen Wecker gekauft. Mein Mann hat ein großes Problem: Er kann morgens schlecht aufstehen. Ich glaube, der

미니사전

im Moment 지금은, populär 대중적인, 평판이 좋은, altmodisch 고풍스런, trendy 최신유행의, jeden Samstagmorgen 매주 토요일 아침에, Tausende 수천 명, der Tagesanzeiger 타게스안차이거(스위스의 일간지 신문 이름), interessant machen 흥미롭게 하다, letztes Wochenende 지난 주말에, interviewen 인터뷰하다

미니사전

e Platte 레코드판, einfach 'simple, simply', e Stimme 목소리, dafür 그것에 대하여, einfach toll 진짜 최고다, 정말 좋다

미니사전

s Hemd 셔츠, s Kaufhaus 백화점, zahlen 치르다, 지불하다, aussehen …처럼 보이다, e Sache 물건

Wecker hier ist so laut, den muss man hören. Und wir haben nur 2 Euro bezahlt.

우리는 오래된, 기계식 자명종을 샀다. 내 남편은 큰 문제가 있다. 남편은 아침에 잘 일어나지 못한다. 여기 이 자명종은 소리가 크다. 자명종 소리가 확실히 들리잖아. 그런데 우리는 2 유로만 지불했다.

질문에 대답하세요.

a. Was sagen Renate und Bernd Schmidt über Klaus Meine?

b. Was hat Annett gekauft und wie viel hat sie bezahlt?

c. Welches Problem hat Herr Eickes?

해석

a. 레나테, 베른트 슈미트 부부는 믹 재거에 관해 무슨 말을 하는가?
b. 아네트는 무엇을 구입했고, 얼마를 지불했는가?
c. 아이케스 씨는 어떤 문제가 있는가?

정답

(a) Klaus Meine hat eine fantastische Stimme. (b) Sie hat ein neues Hemd gekauft. Sie hat 11 Euro bezahlt. (c) Er kann morgens schlecht aufstehen.

빈칸에 올바른 표현을 넣으세요.

d. Bernd und Renate sagen, Sarah Brightman hat eine ( ) Stimme.

e. Annett sagt, man kann ( ) Sachen auf dem Flohmarkt finden.

f. Frau Brandt und Herr Eickes haben einen ( ), ( ) Wecker gekauft.

해석

d. 베른트와 레나테는 사라 브라이트만이 환상적인 목소리를 가졌다고 말한다.
e. 아네트는 벼룩시장에서 멋진 물건들을 찾을 수 있다고 말한다.
f. 브란트 부인과 아이케스 씨는 오래된, 기계식 자명종을 구입했다.

정답

(d) fantastische (e) tolle (f) alten, mechanischen

문화 정보

독일 록밴드 'Scorpions'

독일 하노버(Hannover) 출신의 전설적인 하드록/헤비메탈밴드. 1965년에 결성되어 2010년 공식 해체 소식을 알릴 때까지 수많은 히트곡을 발표했습니다. 그 가운데 Rock You Like a Hurricane, The Zoo, Big City Nights, No One Like You 같은 록과 Still Loving You, Send me an Angel, Wind of Change 같은 발라드는 오늘날까지도 국제적으로 록의 고전으로 꼽히는 곡들입니다.

제14장

01 · Grammatik

1. 불규칙동사의 과거분사

- 앞 장에서 우리는 **kaufen, spielen** 같은 규칙동사의 과거분사(**gekauft, gespielt**)를 배웠습니다.
- 그러나 불규칙동사는 말대로 과거분사가 규칙적으로 형성되지 않고 **fliegen, kennen** 동사처럼 불규칙적으로 형성되는 동사를 말합니다. 이런 불규칙동사에는 **fliegen**(⇨ **geflogen**)처럼 어간모음과 어미가 바뀌는 '강변화동사'와 **kennen**(⇨ **gekannt**)처럼 어간모음만 바뀌고 어미는 규칙적인 '혼합변화동사'의 두 종류가 있습니다.

미니사전

mechanisch 기계식의, r Wecker 자명종, schlecht aufstehen 일어나기 어렵다/힘들다, laut 시끄러운, 'loud', Er kann morgens schlecht aufstehen 그는 아침에 일어나기가 어렵다고 생각한다.

규칙동사	불규칙동사	
	강변화	혼합변화
machen ⇨ gemacht spielen ⇨ gespielt	fliegen ⇨ geflogen gehen ⇨ gegangen	kennen ⇨ gekannt bringen ⇨ gebracht
machen, hören, kaufen	fahren, nehmen, trinken, essen, sprechen, bleiben, treffen, sehen, schwimmen, stehen, schlafen, nehmen, singen	

Sie haben sehr gut **geschlafen**.(⇨ schafen) 그들은 잠을 아주 잘 잤다.(⇨ 잠을 자다)

Um 17:00 Uhr haben sie den Zug **genommen**.(⇨ nehmen)
정각 17시에 그들은 기차를 탔다.(⇨ (탈것을) 타다)

Sie haben gut gegessen(⇨ essen) und **getrunken**.(⇨ trinken)
그들은 잘 먹고(⇨ 먹다) 마셨다.(⇨ (술을)마시다)

언어 정보 **불규칙동사**

강변화동사는 'ge-어간(모음교체 가능)-en'(예, trinken ⇨ getrunken)으로 형성되고, 혼합변화동사는 'ge-어간(모음교체)-t'(kennen ⇨ gekannt)로 형성됩니다.

언어 정보 **비분리접두사와 비분리동사**

비분리접두사(예, **be-**, **er-**, **ent-**, **emp-**, **zer-**, **ver-**)와 결합한 비분리동사의 과거분사에는 **ge-**가 탈락하지만(예, ***be*****suchen** ⇨ ***be*****sucht**), 분리동사에서는 **ge-**가 분리접두사와 기본동사 사이에 들어갑니다(예, ***auf*****stehen** ⇨ **aufgestanden**).

Gestern habe ich meine Eltern ***be*****sucht**. (비분리동사) 어제 나는 내 부모님을 방문했다.
Sie sind um halb acht **auf*ge*standen**. (분리동사) 그들은 7시 반에 일어났다.

비분리동사	분리동사
bekommen 얻다/받다 ⇨ bekommen 얻은/받은 entlassen 해고하다 ⇨ entlassen 해고된 empfehlen 추천하다 ⇨ empfohlen 추천된 erhalten 받다 ⇨ erhalten 받은 verstehen 이해하다 ⇨ verstanden 이해된 zerbrechen 깨트리다 ⇨ zerbrochen 깨어진	aufstehen 일어나다 ⇨ aufgestanden 일어난 einschlafen 잠들다 ⇨ eingeschlafen 잠이 든 fernsehen 텔레비전을 보다 ⇨ ferngesehen 텔레비전에 나온

2. 완료조동사 haben과 sein

- 영어와는 달리 독일어의 완료 시제는 완료조동사에 **haben** 외에 **sein** 동사도 사용됩니다. **sein**동사가 완료조동사로 사용되는 경우는 상태 변화(예, **aufstehen, sterben, wachsen, einschlafen, passieren**), 장소 이동(예, **gehen, fahren, ankommen**)을 나타내는 자동사, 그리고 **sein, werden, bleiben** 동사에 사용됩니다.

Sie sind lange spazieren **gegangen**. (⇨ gehen)
그들은 오랫동안 산보를 했다. (⇨ (걸어서) 가다)

Sie sind mit dem Zug **gefahren**. (⇨ fahren)
그들은 기차를 타고 갔다. (⇨ (탈것을 타고) 가다)

Sie sind um halb sieben **aufgestanden**. (⇨ aufstehen)
그들은 정각 6시 반에 일어났다. (⇨ 일어나다)

Um ein Uhr sind sie sehr müde **gewesen**. (⇨ sein)
정각 1시에 그들은 아주 피곤했다. (⇨ 이다)

02 · Practice

01

다음 동사의 과거분사를 만들어보세요.

a. trinken __________ b. treffen __________

c. essen __________ d. sprechen __________

e. gehen __________ f. fahren __________

g. fliegen __________ h. bleiben __________

01

해석

a. 마시다 b. 만나다 c. 먹다 d. 말하다 e. 가다 f. 타고가다 g. (비행기를 타고) 가다 h. 머물다

정답

(a) getrunken (b) getroffen (c) gegessen (d) gesprochen (e) gegangen (f) gefahren (g) geflogen (h) geblieben

02 올바른 완료조동사를 넣으세요.

a. Am Wochenende ( ) ich nach Köln gefahren.

b. Er ( ) in München sehr viel Bier getrunken.

c. ( ) Sie schon den neuen Film mit Tom Cruise gesehen?

d. Am Donnerstag ( ) Birgit ins Theater gegangen.

e. ( ) du schon einmal in Deutschland gewesen?

f. Am Sonntag ( ) Thomas seine Großeltern besucht.

g. Gestern ( ) ich einen alten Freund getroffen.

h. Oh, das ( ) ich vergessen.

i. Erst um 10:30 Uhr ( ) Werner und Dagmar aufgestanden.

j. Um 11 ( ) sie dann gefrühstückt.

k. Sie ( ) frische Brötchen gegessen.

02

해석

a. 주말에 나는 쾰른으로 갔다.
b. 그는 뮌헨에서 맥주를 아주 많이 마셨다.
c. 당신은 이미 톰 크루즈 주연의 새 영화를 보았습니까?
d. 목요일에 비르기트는 연극을 보러갔다.
e. 너는 이미 독일에 간 적이 있니?
f. 일요일에 토마스는 자기 조부모님을 방문했다.
g. 어제 나는 옛 남자 친구를 만났다.
h. 아차, 그것을 깜빡했다.
i. 정각 10시 반이 되어서야 베르너와 다그마르가 일어났다.
j. 그런 다음 정각 11시에 그들은 아침을 먹었다.
k. 그들은 신선한 모닝 빵을 먹었다.

정답

(a) bin (b) hat (c) Haben (d) bin (e) Bist (f) hat (g) habe (h) habe (i) haben (j) haben (k) haben

03 괄호 속에 주어진 동사의 과거분사를 넣어 문장을 완성하세요.

a. Werner Lüdke ist letzten Freitag nach Zürich (fliegen).

b. Dort hat er seine Freundin Dagmar (besuchen).

c. Dagmar hat ihn vom Flughafen (abholen).

03

해석

a. 베르너 뤼트케는 지난 주 금요일에 취리히로 (비행기를 타고) 갔다.

b. 거기서 그는 자기 여자 친구인 다그마르를 방문했다.

c. 다그마르는 그를 공항에서 데려왔다.

정답

(a) geflogen (b) besucht (c) abgeholt

문화 정보 **독일 사람들의 아침식사와 모닝빵(Brötchen)**

'Brötchen'의 정확한 발음은 '브뢰트헨'이지만 간단히 '브뢰첸'이라고도 표기합니다. 'Brot'(빵)에 '축소'의 의미가 있는 접미사 chen이 붙어서 '작은 빵'이란 뜻이지요.

겉은 바삭하고 속은 부드러운 아침식사용 발효 식빵입니다. 잼(Marmelade), 치즈(Käse), 햄(Schinken), 소시지(Wurst) 등을 곁들여 먹으면 가벼운 아침식사로 그만입니다.

02 · Sprechen

Klassentreffen 동창생과의 만남(동창회)

Vor 25 Jahren sind sie zusammen in die Schule gegangen und jetzt treffen sie sich und reden über die alten Zeiten.

25년 전에 그들은 함께 학교에 다녔다. 이제 그들은 서로 만나서 옛 시절을 이야기한다.

Bernd Hallo, Dieter, na, 25 Jahre ist das her. Kaum zu glauben.

안녕, 디터, 그래, 그게 25년이나 되었네. 믿을 수 없는 일이야.

Dieter Tja, 25 Jahre, und du hast immer noch so lange Haare wie früher, Bernd. Fantastisch. Ich dagegen, na, kein Haar mehr, schon seit 5 Jahren und dabei hatte ich früher auch so schöne, lange Haare.

음, 25년이라, 그런데 베른트, 너는 옛날처럼 언제나 긴 머리네. 멋져. 나는 그 반대야. 머리가 하나도 없어. 벌써 5년 전부터 그래. 옛날에는 멋지고 긴 머리가 있었지

Bernd Na komm, Dieter, charmant wie Yul Brynner. Sag mal, trinkst du denn immer noch so gern Rum und Cola wie früher?

이봐, 디터, 율 브리너처럼 매력적이네. 그런데 너는 예전처럼 여전히 럼주와 콜라를 마시니?

Dieter Cola und Rum, oh, das ist lange her. Nein, ich trinke jetzt sehr gern Wein, Französischen Wein.
Aber sag mal Bernd, du trinkst Mineralwasser? Früher hast du doch immer viel Cognac getrunken, das war doch dein Lieblingsgetränk.

콜라와 럼주라, 음, 옛날 일이지. 아니, 난 이제 와인, 곧 프랑스산 와인을 즐겨 미시지. 하지만, 그런데 베른트야, 넌 생수를 마시니? 옛날에는 언제나 코냑을 마셨잖니. 그게 네가 가장 좋아하는 음료였잖아.

Bernd Ja, das stimmt. Aber, na ja, mein Arzt hat gesagt, ich soll mit dem Alkohol aufhören. Und jetzt trinke ich eben mehr Wasser, Tee, Orangensaft, Weißt du. Hörst du eigentlich immer noch so gern Blues-Musik, du hast doch damals alle Platten von Eric Clapton gehabt, oder?

그래, 맞아. 하지만, 아무튼, 내 주치의가 말하기를 나는 술을 마시면 안 된데. 그래서 보다시피 이제는 물, 차, 오렌지주스를 더 많이 마시지. 너는 여전히 블루스 음악을 즐겨 듣니, 너는 당시에는 에릭 클랩튼의 판을 모두 가지고 있었잖아, 그렇잖니?

Dieter Ja, das ist lange her. Am meisten höre ich jetzt klassische Musik, vor allem Beethoven. Und du, immer noch der Elvis-Fan?

맞아. 오래된 일이지. 지금은 대개 클래식 음악, 특히 베토벤 음악을 들어. 그런데 너는 여전히

미니사전

s Klassentreffen 동창회, in die Schule gehen 등교하다, die alten Zeiten 옛 시절, wie früher 옛날처럼, charmant 매혹적인, 애교 있는, s Lieblingsgetränk 가장 좋아하는 음료수, das stimmt 맞는 말이다, mit dem Alkohol aufhören 금주하다, in einer Band spielen 어느 (뮤직)밴드에서 연주하다

엘비스 팬이니?

Bernd Elvis forever, haha. Nein, Rock'n Roll höre ich nicht mehr. Ich höre viel Jazz-Musik.

엘비스는 영원해. 하하. 아니, 로큰롤은 더 이상 듣지 않고, 재즈 음악을 많이 들어.

Dieter Und machst du noch selber Musik? Du hast doch früher in einer Band gespielt?

그런데 너는 직접 음악을 하니? 너는 옛날에 어느 밴드에서 연주를 했잖니?

- Was haben die Leute früher gemacht?

	Haare	Trinken	Musik	Freizeit
Bernd		hat viel Cognac getrunken.		hat in einer Band gespielt.
Dieter	hat lange Haare gehabt.			

해석

이 사람들은 과거에는 무엇을 했는가?

베른트: 머리가 길었다. 엘비스 프레슬리 노래를 들었다.

디터: 럼주와 콜라를 마셨다. 에릭 크랩톤 노래를 많이 들었다. 축구를 많이 했다.

정답

Bernd: hat lange Haare gehabt. hat Elvis Presley gehört.
Dieter: hat Rum und Cola getrunken. hat viel Eric Clapton gehört. hat viel Fußball gespielt.

- Und heute?

	Haare	Trinken	Musik	Freizeit
Bernd				
Dieter			hört klassische Musik.	

해석

- 그리고 현재는 무엇을 하고 있는가?

베른트 : 여전히 긴 머리를 하고 있다. 생수, 차 등을 마신다. 재즈 음악을 많이 듣는다. 여행을 많이 한다. 재즈 콘서트 음악을 듣는다.

디터 : 머리가 하나도 없다. 프랑스 와인을 즐겨 마신다. 테니스를 친다.

정답

Bernd : hat immer noch lange Haare. trinkt Mineralwasser, Tee etc. hört viel Jazz-Musik. reist viel. hört Jazz-Konzerte.

Dieter : hat keine Haare mehr. trinkt gern Französischem Wein. spielt Tennis.

Bernd에 관한 내용인데, 빈칸을 채워 글을 완성해 보세요.

a. Vor 20 Jahren hat Bernd lange Haare gehabt, heute hat er immer noch (   ) Haare.

b. Früher hat er viel Cognac getrunken, aber heute trinkt er nur noch (   ).

c. Vor 20 Jahren hat er (   ) gehört, aber heute hört er (   ).

d. Früher hat er in einer Band gespielt und heute (   ).

해석

a. 20년 전에 베른트는 긴 머리를 했다. 오늘날 그는 여전히 긴 머리를 하고 있다.

b. 옛날에 그는 꼬냑을 많이 마셨다. 그러나 현재는 생수만 마신다.

c. 20년 전에 그는 엘비스 프레슬리 음악을 들었다. 그러나 현재는 재즈 음악을 많이 듣는다.

d. 옛날에 그는 어느 밴드에서 연주했는데, 현재 그는 재즈 콘서트에 간다.

정답

(a) lange, (b) Mineralwasser (c) Elvis Presley, viel Jazz-Musik, (d) reist er viel und geht in Jazz-Konzerte.

03 · Lesen

Früher und heute 옛날과 오늘

미니사전

früher 옛날에, vor einem Jahr 1년 전에, schreien 외치다, 절규하다, e Wirtschaftswissenschaft 경제학, ziemlich stark rauchen 담배를 꽤 심하게 피우다, bauen 건설하다, (집을) 짓다, anfangen zu + 부정사 …을 하기 시작하다, aufhören 중지하다, dreimal in der Woche 일주일에 세 번, schwimmen gehen 수영하러 가다, gesund 건강한(비교급 : gesünder 더 건강한, viel gesünder 훨씬 더 건강한), in den Ruhestand treten 은퇴하다, vor allem 특히(= above all), glücklich 행복한

Vor 65 Jahren war er ein Baby und hat keine Haare gehabt. Er hat lange geschlafen, aber er hat auch oft laut geschrien.

65년 전에 그는 어린아이였고, 머리가 없었다. 그는 잠을 푹 잤지만, 큰 소리로 울기도 하였다.

Vor 40 Jahren hat er in München Wirtschaftswissenschaften studiert. Damals hat er lange Haare gehabt. Er hat auch ziemlich stark geraucht, hat Jean-Paul Sartre gelesen und Rock'n Roll Musik gehört.

40년 전에 그는 뮌헨에서 경제학을 전공했다. 당시에 그는 긴 머리를 가졌다. 그도 담배를 꽤 심하게 피웠고, 장 폴 사르트르의 책을 읽고 로큰롤 음악을 들었다.

Vor 30 Jahren hat er bei der Dresdner Bank gearbeitet. Zu der Zeit hat er kurze Haare gehabt. Er hat geheiratet und ein Haus gebaut. Er hat bald viel Stress gehabt und dann angefangen, zu viel zu essen und zu viel Alkohol zu trinken.

30년 전에 그는 '드레스덴은행'에서 근무했다. 이 시기에 그는 짧은 머리를 가졌다. 그는 결혼했고 집을 지었다. 그는 곧 많은 스트레스를 가졌는데, 그래서 음식을 너무 많이 먹고 술을 너무 많이 마시기 시작했다.

Vor 20 Jahren ist er schwer krank geworden. Er hat aufgehört zu rauchen und zu trinken. Er hat wieder Sport getrieben, ist dreimal in der Woche schwimmen gegangen und hat viel trainiert.

20년 전에 그는 중병에 걸렸다. 그는 흡연과 음주를 중지하였다. 그는 다시 운동을 했는데, 일주일에 세 번 수영을 하러 가서 많이 훈련했다.

Vor 10 Jahren hat er graue Haare gehabt, aber er ist wieder viel gesünder geworden und er hat wieder Spaß am Leben gehabt.

10년 전에 그는 잿빛 머리를 가졌다. 그러나 그는 다시 훨씬 더 건강하게 되었고, 다시 삶에 즐거움을 가졌다.

Vor 5 Jahren ist er dann in den Ruhestand getreten, ist viel gereist und hat viel von der Welt gesehen. Er hat interessante Fotos gemacht und hat andere Sprachen gelernt.

5년 전에 그는 은퇴했고, 여행을 많이 했고, 세상을 많이 구경했다. 그는 흥미로운 사진을 찍었고, 다른 언어들을 배웠다.

Heute ist er Rentner und hat lange, weiße Haare. Er liest wieder viel, vor allem Heinrich Böll, hört manchmal Rock'n Roll und ist sehr glücklich.

오늘날 그는 연금생활자이고 길고 흰 머리를 가졌다. 그는 다시 독서를 많이 하는데, 특히 하인리히 뵐의 소설을 읽고, 때때로 로큰롤 음악을 듣는데, 아주 행복하다.

Richtig oder falsch?

a. Vor 65 Jahren hat Herr Huber lange geschlafen.

b. Damals hat er auch oft laut geschrien.

c. Vor 40 Jahren hat er in Marburg Soziologie studiert.

d. Damals hat er lange Haare gehabt und hat auch stark geraucht.

e. Vor 30 Jahren hat er bei Siemens gearbeitet.

f. Damals hat er angefangen, zu viel Alkohol zu trinken.

g. Er ist aber gesund geblieben.

h. Vor 10 Jahren ist er schwerkrank geworden.

i. Vor 10 Jahren hat er auch keinen Spaß am Leben gehabt.

j. Heute arbeitet er nicht mehr und ist sehr glücklich.

해석

a. 65년 전에 후버 씨는 잠을 많이 잤다.
b. 당시에 그도 자주 큰 소리로 울었다.
c. 40년 전에 그는 마르부르크에서 사회학을 전공했다.
d. 당시에 그는 긴 머리를 했고, 담배를 심하게 피우기도 했다.
e. 30년 전에 그는 지멘스 회사에서 근무했다.
f. 당시에 그는 술을 너무 심하게 마시기 시작했다.
g. 그는 그러나 건강했다.
h. 10년 전에 그는 중병에 걸렸다.
i. 10년 전에 그도 인생에 즐거움이 없었다.
j. 현재 그는 더 이상 일을 하지 않고, 아주 행복하다.

정답

richtig : a, b, d, f, j falsch : c, e, g, h

제15장

01 · Grammatik

1. 형용사의 비교변화

- 독일어의 비교변화는 영어의 변화패턴과 매우 유사합니다.

미니사전

billig 값이 싼, interessant 재미나는, groß 큰, gut 좋은, hoch 높은, teuer 비싼, dunkel 어두운, gern 즐겨, 좋아하는

	원급	비교급	최상급
영어	great	greater	the greatest
독일어	billig interessant groß	billiger interessanter größer	am billigsten am interessantesten am größten
	gut hoch	besser höher	am besten am höchsten
	teuer dunkel	teurer dunkler	am teuersten am dunkelsten
	gern	lieber	am liebsten

- **warm, groß**처럼 단음절 형용사에 **a, o, u**가 있으면, 이들 모음은 비교급과 최상급에서 **ä, ö, ü**로 모음교체가 일어납니다.

Unsere alte Wohnung war **groß**. 우리의 옛날 집은 컸다.

Unsere neue Wohnung ist viel **größer**. 우리의 새 집은 훨씬 더 크다.

Hier ist es schon im April ziemlich **warm**. 이곳은 이미 4월이면 꽤 따뜻하다.

Im Mai ist es aber **wärmer**. 5월에는 날씨가 훨씬 더 따뜻하다.

- **gut, hoch** 같은 몇몇 형용사는 불규칙적으로 비교변화를 합니다.

Ich finde, dieses Auto ist **gut**. 내 생각에 이 차는 좋은 것 같다

Aber dieses Auto ist noch **besser**. 이 차가 훨씬 더 좋다.

Das Matterhorn ist **hoch.** 마터호른 산은 높다.

Der Mount Everest ist aber **höher.** 에베레스트 산은 더 높다.

- **teuer, dunkel** 같은 몇몇 형용사는 비교급에서 모음 **e-**가 탈락합니다(이유: -e-가 없어지면 발음이 더 잘 되니까).

  In Frankfurt sind Wohnungen ziemlich *teuer*. In München sind sie aber **teurer.** 프랑크푸르트에는 집이 꽤 비싸다. 뮌헨에는 집이 훨씬 더 비싸다.

  Im Herbst ist es morgens *dunkel*. Im Winter ist es aber **dunkler.**
  가을에는 아침에 어둡다. 겨울에는 훨씬 더 어둡다.

- 부사 **gern**도 비교변화를 합니다.

  Ich spiele **gern** Fußball. 나는 축구를 즐겨 한다(축구하는 것을 좋아한다).

  Aber ich spiele **lieber** Tennis. 그러나 나는 테니스를 더 즐겨 한다(테니스 하는 걸 더 좋아한다).

2. 소유관사

- 소유관사는 부정관사의 어미변화를 따릅니다.

mein 나의	mein Freund, 나의 남자친구 meine Mutter 나의 어머니	**unser** 우리의	unser Haus, 우리의 입 unsere Wohnung 우리의 집(아파트)
dein 너의	dein Auto, deine Schule 너의 차, 네가 다니는 학교	**euer** 너희의	euer Vater, eure Mutter 너희 아버지, 너희 어머니
Ihr 당신의	Ihr Buch, Ihre Frau 당신의 책, 당신의 부인	**Ihr** 당신들의	Ihr Hotel, Ihre Wohnung 당신들의 호텔, 당신들의 아파트
sein 그의 **ihr** 그녀의 **sein** 그의	sein Sohn, seine Tochter 그(남자)의 아들, 그의 딸 ihr Vater, ihre Mutter 그녀의 아버지, 그녀의 어머니 sein Essen, seine Milch 그(것)의 음식, 그의 우유	**ihr** 그들의	ihr Sohn, ihre Tochter 그들의 아들, 그들의 딸

3. 3격 지배 전치사, 정관사와 부정관사의 3격

- 앞에서 **mit, zu** 같은 전치사 뒤에는 항상 3격 명사구가 오고, **an, in, auf** 같은 전치사는 위치나 장소 같은 정지상태의 의미가 있으면 3격 명사구

가 온다는 사실을 배웠습니다.

Wir haben ***auf*** dem Markt ein interessantes Buch gekauft.
우리는 그 시장에서 재미나는 책을 한 권 샀다.

Ich wohne ***in*** einem Hochhaus. 나는 고층아파트에서 살고 있다.

- 이밖에도 **aus, bei, mit, nach, seit, von, zu** 같은 전치사는 항상 3격 지배를 하는 전치사입니다.

Morgen fahre ich ***mit*** dem Zug nach Seoul. 내일 나는 기차를 타고 서울에 간다.

Ich fahre immer ***mit*** dem Fahrrad **zur** Schule. 나는 항상 자전거를 타고 학교에 간다.

- 앞에서 정관사 남성과 중성 단수 1격인 **der**와 **das**는 3격에서 **dem**으로, 여성 단수 1격인 **die**는 **der**로 바뀐다는 사실을 배웠습니다. 유사한 변화가 부정관사에도 적용됩니다. 예를 들어 3격 지배 전치사 다음의 남성과 중성 명사가 단수 3격이면 그 앞의 부정관사는 **-em**이고, 여성 명사가 단수 3격이면 그 앞의 부정관사는 **-er**의 어미를 취합니다. 이런 패턴은 이른바 소유관사인 **mein, dein, sein, unser, ihr** 등에도 똑같이 적용됩니다.

남성 **-(e)m**	Bernd wohnt Ulla hat früher	mit ein**em** Freund mit ihr**em** Mann	zusammen. hier gewohnt.
여성 **-(e)r**	Heinrich lebt Thomas wohnt	in ein**er** Altbauwohnung mit sein**er** Freundin	 zusammen.
중성 **-(e)m**	Jutta wohnt Dieter lebt	in ein**em** Hochhaus. mit sein**em** Kind	 in Hamburg.

해석

남성 -(e)m	베른트는 남자친구와 함께 살고 있다. 울라는 예전에 자기 남편과 여기에서 살았다.
여성 -(e)r	하인리히는 구형연립 주택에서 살고 있다. 토마스는 자기 여자친구와 함께 살고 있다.
중성 -(e)m	유타는 고층아파트에서 살고 있다. 디터는 자기 아이와 함께 함부르크에서 살고 있다.

- 복수 3격은 성에 상관없이 항상 어미가 **-(e)n**이고, 명사의 복수어미가 **-n**으로 끝나지 않으면 **-n**을 추가해 줍니다.

복수 (모든 성) **-(e)n ···-n**	Ich wohne Kirsten wohnt Rainer wohnt	mit mein**en** Freunde**n** mit ihr**en** Kinder**n** seit viel**en** Jahre**n**	zusammen. in Köln. in Spanien.

해석

복수 (모든 성) -(e)n ···-n	나는 내 친구들과 함께 살고 있다. 키르스텐은 자기 아이들과 쾰른에서 살고 있다. 라이너는 여러 해 전부터 스페인에서 살고 있다

- 3격은 한 문장에서 여러 번 나타날 수도 있습니다.

Herr Thomas wohnt **mit** seiner Frau und seinen zwei Kindern **in** einem Einfamilienhaus. 토마스 씨는 자기 부인과 2 명의 아이들과 함께 단독주택에 살고 있다.

발음정보 ch의 발음 : [ç], [x], [k]

- ch 앞에 전설모음 **i, e, eu, ä, ö, ü**가 오면 [ç](히)로 발음됩니다.
  ich, Rechnung, lächeln, Märchen, Töchter, Mönch, Bücher
- ch 앞에 후설모음 a, o, u, au가 오면 [x](흐)로 발음됩니다.
  machen, Sprache, Dach, kochen, Tochter, Buch
- ch 다음에 s가 오면 [k]로 발음됩니다.
  Sachsen, sechs, Fuchs

유용한 정보

Ich wohne/Wir wohnen	in einem Reihenhaus. in einer Wohnung. in einem Studentenheim, etc.
Die Wohnung/Das Haus hat	2/3/4 Zimmer.
Die Wohnung liegt	zentral. außerhalb.
Die Zimmer sind relativ/sehr	klein, groß, laut, hell, etc.
Wir haben	viele, wenige, alte, neue, moderne, antike Möbel.
Die Umgebung ist/ziemlich	grün, ruhig, laut, etc.
Die Verkehrsverbindungen sind	gut, schlecht, etc.

해석

나는/우리는 연립주택에서/아파트에서/기숙사 등에서 살고 있다.
그 아파트/주택은 방이 2/3/4 개 있다.
그 아파트/주택은 시내/시외에 있다.
방은 상대적으로/매우 작다/크다/시끄럽다/밝다 등.
우리는 가구가 많다/적다/오래되었다/새것이다/현대풍이다/고풍이다.
주변은 꽤 푸르다/조용하다/시끄럽다.
교통연결편이 좋다/나쁘다.

02 · Practice

01 주어진 형용사의 비교급을 적어보세요.

a. klein ________ b. groß ________

c. alt ________ d. gut ________

e. teuer ________ f. hoch ________

g. billig ________ h. interessant ________

01

해석

a. 작은, b. 큰, c. 오래된, d. 좋은, e. 비싼, f. 높은, g. 값이 싼, h. 재미나는

정답

(a) kleiner (b) größer (c) älter (d) besser (e) teurer (f) höher (g) billiger (h) interessanter

02 연결 가능한 것을 선택하세요. 명사의 성과 격에 주의할 것!

보기

Carsten lebt in einer Wohnung.
Frau Müller lebt in einem Hotel.

Carsten lebt in Frau Müller wohnt in Ihre Tochter wohnt in Petra lebt seit drei Jahren in Familie Schmidt wohnt in Hans lebt in	einer einem	Hochhaus. Wohngemeinschaft. Hotel. Reihenhaus. Wohnung. Studentenwohnheim.

미니사전

s Hochhaus 고층빌딩
e Wohngemeinschaft 주거공동체
s Reihenhaus 연립주택
leben in D. = wohnen in D. …에 거주하고 있다

02

해석

[보기] 카르스텐은 아파트에서 살고 있다.
뮐러 부인은 호텔에서 거주하고 있다.

정답

Carsten lebt in einer Wohngemeinschaft/Wohnung.
… in einem Hochhaus/Hotel/Reihenhaus/Studentenwohnheim.

미니사전

e Küche 부엌,
r Balkon 발코니,
s Arbeitszimmer 서재,
s Esszimmer 식당,
s Wohnzimmer 거실,
r Keller 지하실

03 설명된 방은 독일어로 무엇일까요?

보기

die Küche, der Balkon, das Badezimmer, das Schlafzimmer, das Arbeitszimmer, das Esszimmer, das Wohnzimmer, das Kinderzimmer, der Keller

a. dort schläft man: ________________

b. ein Zimmer für Kinder: ________________

c. dort kocht man: ________________

d. dort kann man sich waschen: ________________

e. dort wohnt man, liest, sieht fern etc. ________________

f. dort kann man im Sommer sitzen: ________________

g. dort kann man studieren: ________________

03

해석

a. 거기서 잠을 잔다.
b. 아이용 방
c. 거기서 요리를 한다.
d. 거기서 목욕을 할 수 있다.
e. 거기서 거주하면서 텔레비전을 본다.
f. 거기서 여름에 앉아 있을 수 있다.
g. 거기서 연구를 할 수 있다.

정답

(a) das Schlafzimmer (b) das Kinderzimmer (c) die Küche (d) das Badezimmer
(e) das Wohnzimmer (f) der Balkon (g) das Arbeitszimmer

04 아래 형용사의 반의어를 보기에서 골라보세요.

보기

außerhalb, antik, teuer, neu, klein, laut, dunkel, interessant

a. zentral ____________ b. groß ____________
c. hell ____________ d. langweilig ____________
e. billig ____________ f. alt ____________
g. modern ____________ h. ruhig ____________

04

해석

[보기] 시외의, 고풍스런, 비싼, 새로운, 작은, 시끄러운, 어두운, 재미나는,
a. 중앙의, b. 큰, c. 밝은, d. 지루한, e. 값이 싼, f. 낡은, g. 현대적인, h. 조용한

정답

(a) außerhalb (b) klein (c) dunkel (d) interessant (e) teuer (f) neu (g) antik (h) laut

05

Wohnungstausch (Flat swap): Eine deutsche Familie aus Hamburg möchte im Sommer einen Wohnungstausch machen. Schreiben Sie einen Brief an Frau Löschmann und beschreiben Sie Ihre Wohnung.

Frau Löschmanns Fragen:

a. Wo liegt Ihre Wohnung? Zentral? Außerhalb?

b. Liegt sie ruhig oder nicht so ruhig?

c. Wie weit ist es bis zum Supermarkt?

d. Wie sind die Verkehrsverbindungen?

e. Wie viele Schlafzimmer hat die Wohnung?

f. Und wie viele Badezimmer?

g. Ist die Küche groß oder ziemlich klein?

h. Haben Sie einen Fernseher? Wenn ja, kann man auch deutsche Programme bekommen?

i. Haben Sie einen Garten oder einen Balkon?

J. Gibt es in der Nähe einen Park?

05

해석

아파트 교환(**Flat swap**): 함부르크 출신의 독일인 가족이 여름에 아파트교환을 하고 싶어 한다.
뢰쉬만 부인에게 편지를 쓰고 당신의 아파트에 관해 기술하시오.

뢰쉬만 부인의 질문들:

a. 당신의 아파트는 어디에 있는가? 시내? 시외?
b. 아파트는 조용한 곳에 있는가 아니면 그렇지?
c. 슈퍼마켓까지는 얼마나 떨어져 있는가?
d. 교통연결 편은 어떠한가?
e. 아파트는 침실이 몇 개인가?
f. 그리고 욕실은 몇 개인가?
g. 부엌은 큰가 아니면 꽤 작은가?
h. 텔레비전은 있는가? 있다면 독일어 방송은 나오는가?
i. 정원이나 발코니는 있는가?
J. 근처에 공원은 있는가?

〈작성요령〉

- 함부르크 출신의 어느 독일인 가족이 여름에 아파트를 서로 교환하여 여름휴가를 보내려고 합니다.
- 이를 위해 여러분이 슈미트 부인에게 편지를 쓰되, 여러분의 아파트에 관해 자세히 기술하여 보십시오. 이때 위의 (a) - (j)의 질문 목록을 고려하면 도움이 됩니다.

****

Liebe Frau Schmidt,
ich danke Ihnen für Ihren Brief vom ( ). Ich bin gern bereit, Ihre Fragen zu beantworten.
Meine Wohnung liegt ( ), usw.
….
Mit freundlichen Grüßen

Ihr/Ihre ( )
****

미니사전

r Wohnungstausch 아파트 교환,
außerhalb 시외에서,
e Verkehrsverbindung 교통연결편,
s Badezimmer 욕실,
r Fernseher 텔레비전,
in der Nähe 근처에

정답

Liebe Frau Schmidt,

ich danke Ihnen für Ihren Brief vom 13. Mai. Ich bin gern bereit, Ihre Fragen zu beantworten.

Meine Wohnung liegt sehr zentral - nur zwei Minuten bis zur HauptStraße, aber sie liegt auch sehr ruhig, in der Nähe vom Stadtpark. Die Verkehrsverbindungen sind sehr gut - nur vier Minuten bis zum Hauptbahnhof und zwei Minuten bis zur Bushaltestelle.

Die Wohnung hat drei Schlafzimmer und zwei Badezimmer. Die Küche ist sehr groß. da kann man auch essen. Wir haben zwei Fernseher und einen Videorecorder. Man kann Satellitenprogramme, also auch deutsche Programme bekommen.

Wir haben einen großen, schönen Garten. Dort kann man im Sommer auch essen. Der Stadtpark liegt, wie gesagt, ganz in der Nähe.

Mit freundlichen Grüßen

Ihr Peter Hartmann

슈미트 부인께,

5월 13일 자 당신의 편지에 감사드립니다. 기꺼이 당신의 질문들에 대답해드리겠습니다.

저의 아파트는 중심가에 있기는 하지만, - 하우프트 가까지 2분밖에 안 걸립니다. - 아주 조용한, 시립공원 근처에 위치하고 있답니다. 교통연결 편이 아주 좋습니다. - 본 역까지는 4분, 버스정류장까지는 2분밖에 안 걸립니다.

아파트는 침실이 3개이고 욕실이 둘입니다. 부엌은 아주 큽니다. 거기서 식사도 할 수 있습니다. 우리는 텔레비전이 2대, 비디오녹음기가 1대 있습니다. 위성프로그램들, 그러니까 독일 프로그램도 볼 수 있습니다.

우리는 크고 멋진 정원이 있습니다. 거기서 여름에는 식사도 할 수 있습니다. 시립공원은 말씀드렸다시피 근처에 있습니다.

친절한 인사를 드리며,

당신의 페터 하르트만으로부터

02 · Sprechen

Die neue Wohnung 새 아파트

Moderator	Wo wohnen Sie? 어디서 사세요?
Frau Martini	Wir wohnen in einer sehr großen Wohnung. 우리는 아주 큰 아파트에서 살고 있어요.
Moderator	Wie viele Zimmer hat die Wohnung? 아파트는 방이 몇 개입니까?
Frau Martini	Die Wohnung hat 4 Zimmer (plus Küche und Bad). 아파트는 방이 네개(부엌과 욕실 포함) 있습니다.
Moderator	Wie sind die Zimmer? 방은 어떻죠?
Frau Martini	Die Zimmer sind groß und hell. 방은 크고 밝습니다.
Moderator	Haben Sie einen Garten? 정원은 있습니까?
Frau Martini	Ja, wir haben einen großen Garten. 있습니다. 큰 정원이 있습니다.
Moderator	Ist die Miete oder die Hypothek teuer? 임대료나 담보가 비쌉니까?
Frau Martini	Die Miete ist nicht so teuer, 750,- Euro, plus Nebenkosten. 임대료는 비싸지 않습니다. 부대비용 포함 750 유로입니다.
Moderator	Wie ist die Umgebung? 주변은 어떻습니까?
Frau Martini	Die Umgebung ist ruhig und sehr grün. 주변은 조용하고 아주 녹색입니다.
Moderator	Haben Sie gute Verkehrsverbindungen? 교통연결 편은 좋습니까?
Frau Martini	Ja, die Verkehrsverbindungen sind sehr gut. 좋습니다. 교통연결 편은 아주 좋습니다.
Moderator	Wie lange fahren Sie zur Arbeit oder in die Stadt? 근무하러 또는 시내로 차를 타고 얼마나 걸립니까?
Frau Martini	Ich fahre nur 10 Minuten zur Arbeit. 근무하러 10분만 타고 가면 됩니다.
Moderator	Fahren Sie mit dem Auto, mit dem Bus oder mit der U-Bahn? 승용차로, 버스로 아니면 지하철로 갑니까?
Frau Martini	Ich fahre mit der U-Bahn. Im Sommer kann ich mit dem Fahrrad fahren. 지하철로 갑니다. 여름에는 자전거를 타고 갈 수 있습니다.

미니사전

e Miete 임대료, e Hypothek 담보(융자), e Umgebung 주변(환경), Nebenkosten pl. 부대비용, e Verkehrsverbindung 교통연결편, mit Fahrrad fahren 자전거를 타고 갔다

이제 여러분이 Frau Martini의 역할을 맡아서 대화를 해보세요.

문화 정보 독일어권의 임대광고

Wohnung 1 Zimmer Genève ★ Beobachten

Einstelldatum	17.06.12
Preis	CHF 700,00
Adresse	Rue Jean-Jaquet, 1201 Genf, Schweiz Karte aufrufen

1 Schlafzimmer 2. Stock, Küche, Bad, Schulen, Einkaufsmöglichkeiten und öffentliche Verkehrsmittel zu schließen.

Küche, Backofen, Kühlschrank, Herd, Spülmaschine, WC, Badewanne, Waschmaschine, Fahrradkeller, Laminat, Heizung, Kabel-TV, DSL Internet, voll möbliert

Miete Appartement mit einem Schlafzimmer, TV, Schreibtisch, eigene Küche mit Geschirrspüler,

미니사전

Genève 제네바 (독일어로는 'Genf', 스위스의 도시 이름), CHF = Schweizer Franc 스위스 프랑, s Schlafzimmer 침실, 2. Stock = zweiter Stock (우리의) 3층, e Küche 부엌, s Bad 욕실, e Einkaufsmöglichkeit 쇼핑 가능, öffentliches Verkehrsmittel 공공 교통수단, r Backofen 빵 굽는 오븐, r Kühlschrank 냉장고, r Herd 레인지, e Spülmaschine 식기세척기, e Badewanne 욕조, e Waschmaschine 세탁기, r Fahrradkeller 자전거보관용 지하실, s Laminat 라미나트(바닥재), e Heizung 난방장치, vollmöliert 가구 일체 구비됨, e Miete 임대, eigene Küche 독립부엌

03 · Lesen

Wo wohnen die Leute? 이 사람들은 어디서 사는가?

1. Karl Potschnik, 57, Monteur bei VW 카를 포취닉, 57세 폭스바겐 회사 조립공

Ich wohne mit meiner Frau seit fünf Jahren in einem Hochhaus. Wir haben eine schöne Wohnung und einen wunderbaren Blick auf die Stadt, aber leider gibt es zu viele Graffitis. Die Miete ist nicht zu teuer, 450,- Euro kalt. Wir sind ganz zufrieden hier.

나는 부인과 함께 5년 전부터 고층아파트에서 살고 있다. 우리는 멋진 집과 시내가 보이는 멋진 광경을 가지고 있다. 그러나 유감스럽게도 그라피티가 너무 많이 있다. 임대료는 너무 비싼 편은 아니다. 부대비용 미포함 450 유로이다. 우리는 이곳에 꽤 만족하고 있다.

미니사전

s Hochhaus 고층빌딩
wunderbar 멋진
r Blick 전경(= 'view')
s Graffiti 그라피티
e Miete 임대, 임차
zu teuer 너무 비싼
kalt 추운, 여기서는 **Kaltmiete**(집세만 포함된 월세)의 의미(**Warmmiete**는 집세+난방비+물세가 포함된 월세, 참고로 **Nebenkosten**(부대비용)은 난방비+물세에 해당하는 세금))
zufrieden 만족한

2. Elisabeth Strutzak, 45, Angestellte bei der Post AG

엘리자베트 슈트루착, 45세, 우체국(주식회사) 직원

Früher haben wir im Stadt-Zentrum gewohnt, aber vor zehn Jahren haben wir das Haus hier gekauft. Wir haben einen großen Garten. Es ist sehr grün und ruhig hier, die Nachbarn sind nett, nur für die Kinder ist es ein bisschen weit bis zur Schule.

옛날에 우리는 시내중심가에 살았지만, 10년 전에 이곳 집을 샀다. 우리는 큰 정원이 있다. 이곳은 아주 푸르고 조용하다. 이웃들은 친절하고, 아이들에게만 학교까지는 약간 멀다

미니사전

s Stadt-Zentrum 시내 번화가, **ruhig** 조용한
r Nachbar -n, -n 이웃사람
nett 친절한, **ein bisschen** 약간, **weit** 멀리 떨어진

3. Matthias Michaelis, 24, Jura-Student 마티아스 미하엘리스, 24세, 법학생

Ich wohne in einer Wohngemeinschaft mit drei anderen Studenten. Wir teilen die Miete und alle Rechnungen. Manchmal gibt es natürlich Probleme, aber dann sprechen wir darüber. Ich wohne gern mit anderen Leuten zusammen. Es ist immer jemand da, mit dem man sprechen kann. Es ist nett und interessant.

나는 세 명의 다른 대학생들과 주거공동체에서 살고 있다. 우리는 임대료와 모든 계산서를 나누고 있다. 때때로 문제도 있기는 하지만, 그것에 관해 대화를 한다. 나는 다른 사람들과 함께 사는 것을 좋아한다. 이야기할 수 있는 사람이 누군가가 항상 있다. 그것이 편안하고 재미난다.

미니사전

e Wohngemeinschaft 주거공동체
e Miete 임대(료)
teilen 나누다
e Rechnung 계산서
sprechen über A. …에 관해 이야기하다
zusammenwohnen 같이(함께) 살다

4. Jutta Heinrich, 73, Rentnerin 유타 하인리히, 73세, 연금생활자

Ich wohne seit fünfzig Jahren in meiner Wohnung. Die Wohnung ist sehr hell und auch ruhig. Hundert Meter von hier bin ich auch geboren. Früher habe ich mit meinem Mann und den Kindern hier gewohnt. Aber mein Mann ist vor zehn Jahren gestorben und meine Kinder sind ausgezogen, und jetzt lebe ich allein.

나는 50년 전부터 내 아파트에서 살고 있다. 이 아파트는 아주 밝고 조용하기도 하다. 이곳에서 100미터 떨러진 곳에서 나는 태어나기도 했다. 옛날에는 내 남편과 아이들과 여기서 살았다. 그러나 내 남편은 10년 전에 죽었고, 내 아이들은 분가했다. 그래서 현재는 혼자 살고 있다.

미니사전

hell 밝은
ruhig 조용한
gestorben 'sterben 죽다'의 과거분사
ausgezogen 'ausziehen 이사를 가다'의 과거분사
allein leben 혼자 살고 있다

Richtig oder falsch? 잘못된 진술을 수정하세요.

a. Herr Potschnik zahlt 450,- Euro und ist nicht zufrieden.

b. Frau Strutzak wohnt gern in ihrem Einfamilienhaus und sagt, die Nachbarn sind sehr nett.

c. Matthias findet das Leben in seiner Wohngemeinschaft interessant.

d. Frau Heinrich lebt seit 73 Jahren in einer Altbauwohnung.

e. Ihr Mann ist vor 10 Jahren gestorben.

해석

a. 포취닉 씨는 450 유로를 지불하고 있고, 만족하지 않고 있다.
b. 슈트룩착 부인은 자기 단독주택에 살기를 좋아하고, 이웃 사람들이 친절하다고 말한다.
c. 마티아스는 주거공동체에서의 생활을 재미있다고 생각한다.
d. 하인리히 부인은 73년 전부터 구형아파트에서 살고 있다.
e. 그녀의 남편은 10년 전에 죽었다.

정답

Richtig: b, c, e, **falsch**: a(Er zählt 750 Euro Meite und er ist ganz zufrieden.), d(Sie wohnt seit 50 Jahren in einer Altbauwohnung.)

네 사람이 각자 어디에 살고 있는지를 이야기한 내용에 근거하여 관련된 것끼리 연결하세요.

Wer?	Wo wohnen sie?	Wie ist es?
Person 1	in einer Wohngemeinschaft	hell und ruhig
Person 2	in einem Hochhaus	grün und ruhig
Person 3	in einem Einfamilienhaus	nicht zu teuer
Person 4	in einer Altbauwohnung	nett und interessant

해석

Wer?	Wo wohnen sie?	Wie ist es?
인물 1	주거공동체에서	밝고 조용한
인물 2	고층아파트에서	녹색이고 조용한
인물 3	단독주택에서	너무 비싸지 않은
인물 4	구형아파트에서	안락하고 재미나는

정답

Wer?	Wo wohnen sie?	Wie ist es?
Person 1	in einer Wohngemeinschaft	hell und ruhig
Person 2	in einem Hochhaus	grün und ruhig
Person 3	in einem Einfamilienhaus	nicht zu teuer
Person 4	in einer Altbauwohnung	nett und interessant

독일 정보 **독일인들의 임대문화**

독일에는 임대문화가 보편적입니다. 가구를 갖춘 집(möblierte Wohnung)을 임대하는 경우는 20% 정도밖에 되지 않고, 대부분은 텅 빈 집(kalte Wohnung), 즉 가구(커튼과 전등 등 포함)가 전혀 없는 집이어서 입주자가 직접 장만해야 합니다. 요즘의 집들은 모두 창문에 덧문이나 블라인드가 달려 있습니다. 그렇다고 커튼을 달지 않으면 이웃에게 폐가 되고 불만 요인이 될 수 있습니다. 입주 때 주인이 내부 벽에 페인트칠을 해주면 퇴거 때 다시 페인트칠을 해주어야 합니다.

대개는 전세가 아닌 월세로 집을 임대하는데, 보통 세달 치 월세를 보증금(Kaution)으로 예치해야 합니다. 예치금은 계약 만료로 퇴거할 때 집의 상태가 입주 때와 동일하지 않고 손상된 곳이 있거나 청결하지 못하면 예치금의 일부가 차감되기도 합니다. 못을 박은 자국이나 주방과 욕실의 물때까지 깨끗이 없애야 한답니다.

제16장

01 · Grammatik

1. 3/4격 지배 전치사

- 독일어의 전치사 중에는 방향이나 장소이동을 나타내는 경우에는 4격 지배를 하고(질문: **Wohin?**), 위치나 장소를 나타내는 경우에는 3격 지배를 하는(질문: **Wo?**) 3/4격 지배 전치사가 있습니다.

- **in** = 'in(to)', **an** = 'at', **auf** = 'on(to)', **hinter** = 'behind', **neben** = 'next to', **über** = 'over', **unter** = 'under', **vor** = 'in front of', **zwischen** = 'between'

4격 지배 전치사로 사용되면		3격 지배 전치사로 사용되면	
⬇		⬇	
Wohin? 어디로?		**Wo?** 어디에서?	
⬇		⬇	
Wir gehen 우리는 간다.	ins Kino. 영화를 보러 an den See. 호숫가로 auf den Marktplatz. 광장으로 hinter das Hotel. 호텔 뒤로 vor die Tär. 호텔 뒤로	Wir sitzen 우리는 앉아 있다	im Kino. 영화관에. am See. 호숫가에. auf dem Marktplatz. 광장에. hinter dem Hotel. 호텔 뒤에. vor der Tär. 문 앞에.

- 일부 동사들 중에는 이동을 나타내는 동사와 장소를 나타내는 동사의 쌍들이 있습니다.

이동(타동사) + 4격 지배 전치사		장소(자동사) + 3격 지배 전치사	
legen **stellen** **hängen**	to lay, to place to put, to place to hang, to place	**liegen** **stehen** **hängen**	to lie, to be to stand, to be to hang, to be

Er **legt** das Video ins Regal. (이동) 그는 비디오테이프를 서가에 놓는다.

Das Video **liegt** im Regal. (장소) 비디오 테이프는 서가에 놓여 있다.

Wir **stellen** das Buch auf den Tisch. (이동) 우리는 그 책을 책상 위로 놓는다.

Das Buch **steht** auf dem Tisch. (장소) 그 책은 책상 위에 놓여있다.

Susanne **hängt** das Picasso-Poster an die Wand. (이동)
수잔네는 피카소 포스터를 벽에 건다.

Das Picasso-Poster **hängt** an der Wand. (장소) 피카소 포스터가 벽에 걸려 있다.

- 이 동사들의 완료형

legen Er hat das Video ins Regal **gelegt**.
그는 비디오테이프를 서가에 놓았다.

liegen Das Video hat im Regal **gelegen**.
그 비디오테이프는 서가에 놓여 있었다.

stellen Wir haben das Buch auf den Tisch **gestellt**.
우리는 그 책을 책상 위로 놓았다.

stehen Das Buch hat auf dem Tisch **gestanden**.
그 책은 책상위에 놓여 있었다.

hängen Sie hat das Poster an die Wand **gehängt**.
그녀는 포스터를 벽에 걸었다.

hängen Das Poster hat an der Wand **gehangen**.
그 포스터는 벽에 걸려 있었다.

2. 4격 지배 전치사

- 앞의 예들과는 달리 오직 4격 지배만 하는 전치사도 있습니다.
- **für** = 'for', **bis** = 'until, till'

Ist das Zimmer **für** Sie? - Nein, es ist **für** meinen Bruder.
저 방이 당신 방입니까? - 아뇨, 그건 내 남동생 방입니다.

- **bis**는 4격 지배를 하더라도 4격 어미가 없는 것을 표현하는 데에도 자주 사용됩니다.

Bis Morgen! **Bis** heute Abend 내일 봐! 오늘 저녁에 봐!

- 또한 **bis**는 **zu**(3격 지배)와 함께 사용되는 경우도 흔합니다.

Gehen Sie ***bis zum*** Bahnhof. (zum은 zu dem의 준말) 역까지 가십시오.

02 · Practice

01 질문에 맞는 대답과 연결하세요.

a. Haben Sie ein Zimmer frei? b. Haben Sie ein Doppelzimmer frei? c. Ein Zimmer mit Bad oder Dusche? d. Was kostet das Zimmer? e. Ist das Zimmer ruhig? f. Von heute bis Freitag? g. Wann gibt es Frühstück?	1. Zwischen halb sieben und neun. 2. Ja, genau, Bis Freitag. 3. Ja, für wie viele Tage? 4. Tut mir leid, wir haben nur noch Einzelzimmer. 5. Ein Zimmer mit Dusche. 6. 80,- Euro, inklusive Frühstück. 7. Nein, leider nicht. Es liegt zur Straße.

01

해석

a. 빈 방 있습니까? b. 2인용 침대 방이 있습니까? c. 욕실이나 샤워실이 있는 방? d. 방 값은 얼마입니까? e. 방은 조용합니까? f. 오늘부터 금요일까지? g. 아침식사는 언제 있습니까?	1. 6시 30분에서 9시 사이에. 2. 예, 맞습니다, 금요일에 봐요. 3. 예, 며칠 간 있을 거예요? 4. 미안합니다. 독방 밖에 없습니다. 5. 샤워실이 있는 방. 6. 아침식사 포함, 80,- 유로입니다. 7. 아뇨, 유감스럽게도 없습니다. 도로 변으로 위치해 있습니다.

정답

a-3, b-4, c-5, d-6, e-7, f-2, g-1

02 Was antwortet Herr Prinzmann? [프린츠만 씨가 대답한 것은 무엇인가요?]

Herr Prinzmann arbeitet in der Touristeninformation in Greifswald. Was antwortet er auf die Fragen? Finden Sie die richtige Antwort zu jeder Frage.

Touristen fragen	Herr Prinzmann antwortet
a. Wo ist denn hier das Stadtmuseum? b. Kann man hier italienisch essen? c. Gibt es in der Nähe eine öffentliche Telefonzelle? d. Wo ist denn das Rathaus? e. Wo ist denn hier ein Parkplatz? f. Gibt es hier in der Nähe ein Café? g. Ich habe gehört, es gibt ähier eine tolle Disco.	1. Direkt hier gegenüber. 2. Ja, fahren Sie geradeaus, dann die erste Straße links, gegenüber dem 'da Vinci'. 3. Fahren Sie geradeaus, dann links und immer geradeaus. Auf der linken Seite ist die Pizzeria Mario. 4. Gehen Sie links, nehmen Sie die erste Straße rechts. Es liegt zwischen der Fleischerei und dem Kino. 5. Direkt hier gegenüber. 6. Ja, natärlich. Hier gegenüber, auf dem Parkplatz. 7. Gehen Sie immer geradeaus. Es ist auf der rechten Seite neben der Bibliothek.

미니사전

s Stadtmuseum 시립박물관, öffentliche Telefonzelle 공중전화박스, links 왼쪽에, auf der linken Seite 왼편에, rechts 오른쪽에, auf der rechten Seite 오른쪽에, s Rathaus 시청, r Parkplatz 주차장, in der Nähe 근처에, direkt hier gegenüber 바로 여기 맞은편에, e Fleischerei 정육점, geradeaus 똑바로, neben …옆에, e Bibliothek 도서관

02

해석

프린츠만 씨는 그라이프스발트 시에 있는 여행 안내소에서 근무하고 있다. 그는 이 질문들에 어떻게 대답하는가? 각 질문에 맞는 대답을 고르시오.

여행객들이 질문한다	프린츠만 씨가 대답한다
a. 이곳에는 시립박물관이 어디에 있습니까? b. 이곳에서 이탈리아 음식을 먹을 수 있습니까? c. 근처에 공중전화박스가 있습니까? d. 시청이 어디에 있지요? e. 이곳에는 광장이 어디에 있지요? f. 이곳 근처에 카페가 있습니까? g. 이곳에 멋진 디스코텍이 있다고 들었는데요.	1. 여기 바로 맞은편에 있어요. 2. 예, 곧장 가서, 왼쪽 첫 번째 길 맞은편에 '다빈치'가 있습니다. 3. 곧장 가서, 왼쪽으로 그리고는 계속 똑바로 가십시오. 왼쪽 편에 피자집 마리오가 있습니다. 4. 왼쪽으로 가십시오. 오른쪽 첫 번째 길을 가십시오. 그것은 정육점과 영화관 사이에 있습니다. 5. 이곳 바로 맞은편에 있습니다. 6. 예, 물론이죠. 이곳 맞은 편, 광장에 있습니다. 7. 계속 똑바로 가십시오. 그것은 도서관 옆 오른쪽에 있습니다.

정답

a-7, b-3, c-6, d-1/5, e-1/5, f-4, g-2

03 주어진 문장을 이용하여 여러분이 가구들을 어디로 이동했는지를 보기처럼 작성하세요.

보기

Das Regal steht jetzt neben dem Fernseher.
⇨ Das Regal habe ich neben den Fernseher gestellt.

a. Das Picasso-Poster hängt jetzt über dem Sofa.

b. Der Tennisschläger liegt im Schlafzimmer unter dem Bett.

c. Das Sofa steht jetzt zwischen dem Regal und dem Schreibtisch.

d. Das Foto von Oma Lisbeth hängt in der Küche an der Wand.

e. Die Pflanze steht jetzt auf dem Boden.

f. Die Gummiente steht jetzt im Badezimmer.

g. Die Waschmaschine steht jetzt in der Küche neben dem Kühlschrank.

미니사전

s Poster 포스터, hängen 걸려있다, e Tennisschläger 테니스라켓, s Regal 서가, 책장, e Wand 벽, r Schreibtisch 책상, e Gummiente 고무(로 만든) 오리

03

해석

[보기] 서가는 현재 텔레비전 옆에 있다.
⇨ 서가를 나는 텔레비전 옆으로 놓았다.

a. 피카소 포스터는 현재 소파 위에 걸려있다.
b. 테니스 라켓은 침실의 침대 밑에 있다.
c. 소파는 현재 서가와 책상 사이에 있다.
d. 오마 리스베트의 사진이 부엌 벽에 걸려있다.
e. 식물이 현재 바닥 위에 있다.
f. 고무로 만든 오리가 현재 욕실 안에 있다.
g. 세탁기가 현재 부엌에 있는 냉장고 옆에 있다.

정답

a. Das Picaso-Poster haben sie über das Sofa gehängt. b. Den Tennisschläger haben sie unter das Bett gelegt. c. Das Sofa haben sie zwischen das Regal und den Schreibtisch gestellt. d. Das Foto von Oma Lisbeth haben sie an die Wand gehängt. e. Die Pflanze haben sie auf den Boden gestellt. f. Die Gummiente haben sie in den Schrank gelegt. g. Die Waschmaschine haben sie neben den Kühlschrank gestellt.

02 · Sprechen

Im Hotel: Haben Sie ein Zimmer frei?

호텔에서 : 빈 방 있습니까?

미니사전

e Antiquitätenmesse 골동품박람회,
zum Park liegen 공원 쪽으로 나 있다,
Bitte tragen Sie sich ein. 신상명세를 기입하세요,
angenehm 즐거운, 편안한,
r Aufenthalt 채류

Herr Oetken Guten Tag. Haben Sie ein Zimmer frei?
안녕하세요. 빈 방 있습니까?

Empfang Ja, ein Einzelzimmer oder ein Doppelzimmer?
예, 1인용 침대 방 아니면 2인용 침대 방?

Herr Oetken Ich möchte ein Doppelzimmer für zwei Personen, bitte.
웨트켄 씨 2인용 침대 방을 원합니다.

Empfang Und für wie lange? 그런데 얼마나 머무실 건가요?

Herr Oetken Für zwei Nächte. 이틀 밤

Empfang Für zwei Nächte. Von heute, Montag bis Mittwoch?
이틀 밤. 오늘, 월요일부터 수요일까지?

Herr Oetken Ja. Von Montag bis Mittwoch. Meine Frau und ich möchten nämlich auf die Antiquitätenmesse gehen.
월요일부터 수요일까지. 아내와 나는 골동품박람회에 가려고요.

Empfang Das ist bestimmt interessant. Möchten Sie ein Zimmer mit Bad oder mit Dusche?
그것 정말 재미있겠네요. 욕실 딸린 방을 원하십니까 아니면 샤워실이 있는 방을 원하십니까?

Herr Oetken Mit Bad, bitte. 욕실 딸린 방 주세요.

Empfang Da habe ich Zimmer Nr. 14 zu 80,- Euro. 14호실 80유로입니다.

Herr Oetken Ist das Zimmer ruhig? 방은 조용합니까?

Empfang Ja, das Zimmer liegt zum Park. Es ist sehr ruhig.
예, 방은 공원 쪽으로 위치해 있어요. 아주 조용합니다.

Herr Oetken Gut. Dann nehme ich das Zimmer. 좋습니다, 그럼 그 방을 주세요.

Empfang So. Hier ist der Schlüssel. Bitte tragen Sie sich ein.
그래요. 여기 열쇠 있습니다. 작성 좀 해주세요.

Herr Oetken Um wie viel Uhr gibt es Frühstück? 몇 시에 아침식사가 있습니까?

Empfang Zwischen sieben und zehn Uhr. 7시와 10시 사이에 (있습니다).

Herr Oetken Vielen Dank. 감사합니다.

Empfang Ich wünsche Ihnen einen angenehmen Aufenthalt.
편안한 체류 되십시오.

Richtig oder falsch?

a. Herr Oetken nimmt ein Einzelzimmer.

b. Er bleibt zwei Nächte.

c. Er möchte mit seiner Sekretärin auf eine Antiquitätenmesse gehen.

d. Herr Oetken nimmt ein Zimmer mit Dusche.

e. Das Zimmer kostet 60,- Euro.

f. Frühstück gibt es bis 10 Uhr.

해석

a. 외트켄 씨는 독방을 선택한다.
b. 그는 이틀 밤을 머문다.
c. 그는 자기 여비서와 함께 골동품박람회에 가고 싶어 한다.
d. 외트켄 씨는 샤워실이 딸린 방을 선택한다.
e. 방 값이 60유로입니다.
f. 아침식사는 10시까지 있습니다.

정답

Richtig : b, f. falsch : a (Er nimmt ein Doppelzimmer.), c (Er möchte mit seiner Frau auf eine Antiquitätenmesse gehen.), d (Er nimmt ein Zimmer mit Bad.), e (Das Zimmer kostet 80 Euro.)

유용한 정보 관습과 전통

Haben Sie ein Zimmer frei?	Have you got a room? 빈 방 있습니까?
Ist das Zimmer ruhig?	Is the room quiet? 방은 조용합니까?
Um wie viel Uhr gibt es Frühstück?	What time is breakfast? 정각 몇 시에 아침식사가 있습니까?

Ein Einzelzimmer für eine Nacht/zwei Nächte 하루/이틀 밤 머물 독방 주세요.
Ein Doppelzimmer für eine Person/zwei Personen 일인용/이인용 침대 방 주세요.

03 · Lesen

Wo ist was? 무엇이 어디에 있습니까?

미니사전

e Bibliothek 도서관, r Parkplatz 주차장, r Brunnen 분수(= well, fountain), gegenüber 맞은편에

Tourist Guten Tag. Wo ist denn hier die Bibliothek?
안녕하세요. 이곳에 도서관이 어디 있습니까?

Sie Gehen Sie geradeaus. Die Bibliothek ist auf der rechten Seite neben dem Museum.
똑 바로 가십시오. 도서관은 박물관 옆 오른쪽에 있습니다.

Tourist Und gibt es hier auch eine Post? 그리고 이곳에 우체국도 있습니까?

Sie Ja, natürlich. Gehen Sie geradeaus und nehmen Sie die erste Straße links. Die Post liegt hinter dem Brunnen.
물론이죠. 똑 바로 가서, 왼쪽 첫 번째 길을 가세요. 우체국은 분수 뒤에 있습니다.

Tourist Gibt es hier in der Altstadt eine Apotheke?
이곳 구시가지에 약국이 있습니까?

Sie Ja, natürlich. Gehen Sie links, dann rechts. Die Apotheke liegt zwischen dem Imbiss und dem Hotel 'da Vinci'.
예, 물론 있습니다. 왼쪽으로 가다가 오른쪽으로 가세요. 약국은 포장마차와 호텔 '다빈치' 사이에 있습니다.

Tourist Und haben Sie hier auch einen Supermarkt?
그리고 이곳에 슈퍼마켓도 있습니까?

Sie Gehen Sie geradeaus. Der Supermarkt ist gegenüber dem Museum.
똑 바로 가십시오. 슈퍼마켓은 박물관 맞은편에 있습니다.

Tourist Vielen Dank. Kann man denn hier abends auch irgendwo ein schönes Bier trinken?
감사합니다. 이곳에 저녁에 좋은 맥주를 마실 곳이 있습니까?

Sie Natürlich. Gehen Sie links, dann wieder links. Da finden Sie eine Kneipe auf der linken Seite, neben der Bäckerei. Die Kneipe ist sehr gut.
물론 있지요. 왼쪽으로 가다가, 다시 왼쪽으로 가세요. 거기에 왼쪽, 빵집 옆에 주점이 있습니다. 그 주점이 아주 좋아요.

제17장

01 · Grammatik

1. etwas, was/alles, was

- 독일어에서 일부(something) 또는 전부(everything)를 말할 때 **etwas, was**와 **alles, was**를 사용합니다.

Gibt es etwas, was Sie nicht gerne anziehen? 당신이 즐겨 입지 않는 것이 있습니까?

Ich trage alles, was bequem ist. 나는 편안한 것이면 뭐든 입습니다.

- 영어에서는 **that**가 생략될 수 있지만, 독일어에서는 **was**가 생략될 수 없으며, **was** 앞에는 콤마가 있음에 유의해야 합니다.

독어: Gibt es etwas, was Sie nicht gerne anziehen?
당신이 즐겨 입지 않는 것이 있습니까?

영어: Is there something (***that***) you don't like wearing
당신이 즐겨 입지 않는 것이 있습니까?

2. 형용사 어미: 부정관사류 + [형용사 + 어미] + 명사

	단수			복수
	남성	여성	중성	
1격	ein teur***er*** Mantel 비싼 외투는	eine gut***e*** Idee 좋은 생각은	ein neu***es*** Hemd 새 셔츠는	toll***e*** Sachen 멋진 물건들은
3격	einem teur***en*** Mantel 비싼 외투에	einer gut***en*** Idee 좋은 생각에	einem neu***en*** Hemd 새 셔츠에	toll***en*** Sachen 멋진 물건들에
4격	einen teur***en*** Mantel 비싼 외투를	eine gut***e*** Idee 좋은 생각을	ein neu***es*** Hemd 새 셔츠를	toll***e*** Sachen 멋진 물건들을

- 부정관사류에는 **ein-, kein-** 그리고 소유관사들(**mein, dein, sein, ihr, unser, euer, ihr**)이 있습니다.
- 부정관사류가 형용사 앞에 오면, 형용사의 단수 격 어미는 남성 단수 1격(-er), 중성 단수 1격과 4격(-es), 여성 단수 1격과 4격(-e)을 제외한 나머지는 모두 en입니다. 복수는 정관사의 복수어미를 따릅니다.

		1격	3격	4격
복수	정관사 어미	**di-e**	**d-en**	**di-e**
	형용사 어미	**toll-e**	**toll-en**	**toll-e**

- 따라서 형용사 격어미를 올바로 넣기 위해서는 명사의 성(남성, 중성, 여성)과 수(단수, 복수)를 반드시 알아야 합니다.
- 그리고 명사구 앞에 전치사가 있으면 전치사의 격지배도 반드시 알아야 합니다. 예를 들어, "Ich trage zu dem schwarzen Rock eine graue Jacke."에서 전치사 zu가 3격 지배 전치사이고 명사 Rock가 남성 단수이므로 형용사 schwarz의 격 어미는 en이 됩니다.

3. 형용사 어미 : 정관사류 + [형용사 + 어미] + 명사

	단수			복수
	남성	여성	중성	
1격 3격 4격	der teur***e*** Mantel dem teur***en*** Mantel den teur***en*** Mantel	die gut***e*** Idee der gut***en*** Idee die gut***e*** Idee	das neu***e*** Hemd dem neu***en*** Hemd das neu***e*** Hemd	die toll***en*** Sachen den toll***en*** Sachen die toll***en*** Sachen

- 정관사류에는 지시대명사(**dies-, jen-, solch-, manch-**, …)가 있습니다.
- 정관사류가 형용사 앞에 오면, 형용사의 격 어미는 남성단수 1격, 중성 단수 1, 4격, 여성 단수 1, 4격만 격 어미가 -e이고, 나머지 격 어미는 모두 en입니다.

4. 형용사 어미 : [형용사 + 어미] + 명사

	단수			복수
	남성	여성	중성	
1격	teur*er* Mantel	gut*e* Idee	neu*es* Hemd	toll*e* Sachen
3격	teur*em* Mantel	gut*en* Idee	neu*em* Hemd	toll*en* Sachen
4격	teur*en* Mantel	gut*e* Idee	neu*es* Hemd	toll*e* Sachen

- 형용사 앞에 관사류가 없으면, 형용사의 격 어미는 정관사의 격어미를 따릅니다. 예컨대, 남성단수 1격은 -er, 중성 단수 1, 4격은 -es, 여성 단수 1, 4격은 e이고, 복수 1, 4격은 e입니다.

Alte Sachen vom Flohmarkt gefallen mir manchmal auch.

벼룩시장의 낡은 물건들이 내 마음에 드는 경우도 가끔 있다.

- 위 문장의 Sachen은 die Sache '물건'의 복수 1격으로 문장의 주어이므로 형용사 alt의 격 어미 -e는 복수 1격이 됩니다. 참고로 동사 gefallen '…의 마음에 들다'은 3격 지배동사이므로 3격 목적어 mir가 뒤따라 온 것입니다.

02 · Practice

미니사전

e Verkäuferin (여)판매원,
s Kaufhaus 백화점,
schwarz 검정색의,
einen Rock tragen 스커트를 입다
weiß 흰색의,
e Bluse 블라우스

미니사전

e Jacke 재킷
hässlich 추한, 흉한
modisch 유행하는
s T-Shirt 티셔츠(복수형 : T-Shirts)
gefallen mir 내 마음에 들다

01 관사나 형용사의 올바른 격 어미를 넣어보세요.

a. **Verkäuferin** Ich arbeite in ein___ groß___ Kaufhaus in München. Bei d___ Arbeit trage ich ein___ schwarz___ Rock und ein___ weiß___ Bluse. I___ Winter trage ich zu___ schwarz___ Rock auch ein___ schwarz___ Jacke.

b. **Student** Im Moment arbeite ich bei Burger King und muss ein___ hässlich___ Uniform tragen. An d____ Uni trage ich aber immer ein___ blau___ Levi-Jeans mit ein___ modisch___ T-Shirt. Mir gefallen am besten amerikanisch___ oder britisch___ T-Shirts. Alt___ Sachen vo___ Flohmarkt gefallen mir manchmal auch.

01

해석

a. 판매원. 나는 뮌헨에 있는 대형 백화점에서 근무하고 있다. 근무할 때에는 검은 스커트와 흰색 블라우스를 입는다. 겨울에는 검정색 스커트에 검정색 재킷을 입기도 한다.

b. 대학생. 현재 나는 버거킹에서 근무하는데, 추한 유니폼을 입어야 한다. 대학에서는 그러나 항상 파랑색 리바이스 진을 유행하는 티셔츠와 함께 입는다. 가장 내 마음에 드는 것은 미국산 또는 영국산 티셔츠이다. 벼룩시장의 낡은 물건들이 내 마음에 드는 경우도 가끔 있다.

정답

a. **Verkäuferin** Ich arbeite in ein_em groß_en Kaufhaus in München. Bei d_er Arbeit trage ich ein_en schwarz_en Rock und ein_e weiß_e Bluse. I_m Winter trage ich zu_m schwarz_en Rock auch ein_e schwarz_e Jacke.

b. **Student** Im Moment arbeite ich bei Burger King und muss ein_e häßlich_e Uniform tragen. An d_er Uni trage ich aber immer ein_e blau_e Levi-Jeans mit ein_em modisch_en T-Shirt. Mir gefallen am besten amerikanisch_e oder britisch_e T-Shirts. Alt_e Sachen vo_m Flohmarkt gefallen mir manchmal auch.

02 다음의 질문들에 보기처럼 대답해보세요.

보기

> Was tragen Sie normalerweise bei der Arbeit / an der Universität?
> - Bei der Arbeit trage ich normalerweise …

a. Was tragen Sie am liebsten zu Hause?

b. Was tragen Sie gern, was tragen Sie nicht gern?

c. Haben Sie eine Lieblingsfarbe?

d. Ist Mode wichtig für Sie?

e. Sie gehen zu einer Abschiedsparty. Was ziehen Sie an?

02

해석

근무할 때/대학에서 당신은 무엇을 입습니까? - 근무할 때에는 보통 …를 입습니다.
a. 당신은 집에서 뭘 가장 즐겨 입습니까?
b. 무엇을 즐겨 입고, 무엇을 즐겨 입지 않습니까?
c. 가장 좋아하는 색깔이 있습니까?
d. 당신에게는 패션이 중요합니까?
e. 당신은 송별회에 갑니다. 무엇을 입으시겠습니까?

정답

(a) Zu Hause trage ich gern eine Jeans mit einem weißen Hemd. (b) Ich trage nicht gern Jeans. (c) Ich trage gern helle, dunkle Farben, bequeme Kleidung. (d) Ja, die Mode ist wichtig für mich. (e) Ich trage einen Rock mit einer Bluse.

언어 상식 관습과 전통

Bei der Arbeit … 근무 시 …	trage ich meistens einen Rock mit einer Bluse, einen Anzug, ein weißes Hemd etc. 나는 블라우스와 함께 스커트를, 양복을, 흰 셔츠 등을 입습니다.
Bei der Arbeit muss ich… 근무 시 나는 … 해야 합니다.	eine grüne/blaue Uniform tragen. 녹색/파랑색 유니폼을 입습니다.
An der Universität … 대학에서는 …	trage ich gern eine Jeans mit einem weißen Hemd/einem dunklen Pullover. 나는 진을 흰 셔츠/검정색 풀오버와 함께 입는 것을 좋아합니다.
Zu Hause … 집에서는 …	trage ich am liebsten bequeme Kleidung. 나는 편안한 옷을 가장 즐겨 입습니다.
Ich mag … 나는 …을 좋아합니다.	helle, dunkle Farben, bequeme Kleidung. 밝고 어두운 색깔, 편안한 옷.
Ich trage nicht gern …. 나는 …을 즐겨 입지 않습니다	Jeans, Röcke, Blusen, Krawatten, etc. 진, 스커트, 블라우스, 넥타이 등

03 · Sprechen

Was für Kleidung tragen die Leute?

이 사람들은 어떤 종류의 옷을 입습니까?

Dialog 1

Richard Was tragen Sie denn normalerweise für Kleidung auf der Arbeit?
근무할 때 보통 어떤 종류의 옷을 입습니까?

Marie Ich arbeite in einem Büro und die Atmosphöre ist sehr relaxed (entspannt). Normalerweise trage ich eine bequeme Hose, meistens mit einer Bluse, wenn es kälter ist, mit einem Pulli.
나는 사무실에서 근무하는데, 분위기가 아주 편합니다. 보통은 편한 바지를 블라우스와 함께 입는데, 더 추우면 풀오버와 함께 입습니다.

Richard Und zu Hause? 그리고 집에서는?

Marie Eigentlich dasselbe. Eine Hose, oft auch eine Jeans - auf der Arbeit trage ich kaum Jeans - T-Shirt, Pullover. Ich mag bequeme Sachen. Eigentlich trage ich alles, was bequem ist. Was ich aber nicht mag sind Röcke. Röcke ziehe ich fast überhaupt nicht an.
동일한 것을 입습니다. 바지, 자주 진 바지 - 근무 시에는 진바지를 거의 입지 않습니다. - 티셔츠, 풀오버도 입습니다. 나는 편안한 것을 좋아합니다. 실제로 나는 편안한 것은 모두 입습니다. 그러나 내가 좋아하지 않는 것은 스커트입니다. 스커트는 거의 입지 않습니다.

미니사전

e Kleidung 의류, 옷, relaxed 유연한(= entspannend), eigentlich 실제로, r Rock 스커트

Dialog 2

Richard Herr Scholz, was tragen Sie denn normalerweise auf (bei) der Arbeit? 숄츠 씨, 보통 근무 시에는 무엇을 입습니까?

Marie Auf (Bei) der Arbeit trage ich immer einen Anzug, meistens einen dunkelblauen. Dazu ein weißes Hemd und eine Krawatte.
근무할 때에는 항상 양복을, 대개는 감청색 양복을 입습니다. 여기에 흰색 와이셔츠를 입고 넥타이를 맵니다.

Richard Und zu Hause? 그리고 집에서는?

Marie Zu Hause, nun, etwas Bequemeres, ein sportliches Hemd oder ein Poloshirt. 집에서는 좀 더 편안한 것, 스포티한 셔츠나 폴로셔츠를 입습니다.

미니사전

auf der Arbeit 근무 중에, dunkelblau 감청색의, bunt 화려한(= colorful), e Kleidung 옷, 의류, e Freizeit 여가시간, elegant 세련된, mag 'mögen 좋아하다'의 1인칭 활용형, s Hemd 셔츠, 내의

Richard Gibt es etwas, was Sie nicht gerne anziehen?
당신이 즐겨 입지 않는 것이 있습니까?

Marie Nun, wie gesagt, ich trage sehr gern sportliche Kleidung in meiner Freizeit. Ich spiele auch Golf und Tennis. Ich mag elegante Kleidung. Was ich nicht mag ist bunte Kleidung und rote Hemden.
방금 말했듯이, 여가시간에는 스포티한 옷을 아주 즐겨 있습니다. 나는 골프와 테니스도 합니다. 나는 세련된 옷을 좋아하는데, 내가 좋아하지 않는 것은 화려한 색의 옷, 빨강색 셔츠를 좋아하지 않습니다

언어 정보 etwas + 형용사 + –es

- 형용사가 명사화되면 대문자로 시작합니다: neu → Neues.
- etwas Neues(새로운 것), etwas Billiges(싼 것), etwas Bequemeres(좀 더 편안한 것)

발음 정보 g의 다양한 발음

- 단어의 끝에 오는 g는 [k]로 발음됩니다.
  Tag, Ausflug, Anzug, mag
→ [탁], [아우스플룩], [안축], [막]
- 단어의 끝에 오는 ig는 ich처럼, 곧 [iç]로 발음됩니다.
  billig, ruhig, zwanzig, langweilig, Honig
→ [빌리히], [루이히], [랑바일리히], [호니히]
- 단어나 음절의 끝이 아닌 곳에 나타나는 g는 [g]로 발음됩니다.
  Tage, Ausflüge, Anzüge, mögen
→ [타게], [아우스플뤼게], [안취게], [뫼겐]

04 · Lesen

Ist Mode wichtig für Sie? 패션은 당신에게 중요합니까?

a. Bettina Haferkamp, 52, Lehrerin a. 베티나 하퍼캄프, 52세, 여교사

Jedes Jahr gibt es etwas Neues. Dieses Jahr kurze Röcke, nächstes Jahr lange Röcke. Die Leute sollen immer etwas Neues kaufen. Ich ziehe nur an, was ich mag. Am liebsten trage ich bequeme Sachen.

매년 새로운 것이 있다. 금년에는 짧은 스커트, 내년에는 긴 스커트. 사람들은 항상 새로운 것을 사야 한다. 나는 내가 좋아하는 것만 입는다. 가장 즐겨 입는 것은 편안한 것들이다.

b. Johann Kurz, 38, Journalist b. 요한 쿠르츠, 38세, 기자

Ich finde, Mode ist ein wichtiger Ausdruck unserer Zeit. Sie zeigt, was Leute denken und fühlen. Zum Beispiel die Mode in den Fünfziger Jahren oder die Punk-Mode. Heute kann man doch anziehen, was man möchte. Das finde ich gut.

나는 패션이 우리 시대의 중요한 표현이라 생각한다. 패션은 사람들이 생각하고 느끼는 것을 보여준다. 예컨대 50년대의 패션이나 펑크 패션. 오늘날 사람들은 입고 싶은 것을 입을 수 있다. 그게 좋다고 생각한다.

c. Boris Brecht, 28, arbeitslos, Rock-Musiker c. 보리스 브레히트, 28세, 무직, 록뮤지션

Ich bin ein individueller Mensch. Ich kleide mich so, wie ich Lust habe. Schwarze Sachen finde ich am besten. Ich kaufe viel auf dem Flohmarkt oder in Secondhandshops ein. Modetrends finde ich langweilig.

나는 독특한 사람이다. 나는 내가 하고 싶은 대로 치장한다. 검은 것이 가장 좋다고 생각한다. 나는 벼룩시장이나 중고 상점에서 많은 것을 구입한다. 패션경향들은 지겹다고 생각한다.

d. Ulirke Maziere, 20, Kosmetikerin d. 울리케 마치레, 20세, 미용사

Mode bedeutet viel für mich. Ich bin ein sportlicher Typ und trage gern schöne Sachen. Ich möchte gut aussehen. Eine modische Frisur, ein modernes Outfit - das ist sehr wichtig für mich.

패션은 나에게 많은 의미가 있다. 나는 스포티한 스타일이고, 멋진 것을 즐겨 입는다. 나는 잘 보이고 싶다. 패셔너블한 헤어스타일, 현대적인 복장 - 이것은 나에게 매우 중요하다.

미니사전

anziehen '(옷을) 입다 = to put on', **Lust haben** …을 할 마음이 있다(= 'to want', **tragen** …을 입다/걸치다 = 'to wear', **sportlich** (여기서는) 스마트한, **bequem** 편(안)한, **aussehen** …처럼 보이다, **sich kleiden** 옷을 입다 = 'to dress', **e Frisur** 헤어스타일, **s Secondhandshop** = Zweite Hand Laden 중고 상점, **s Outfit** (특정 목적을 위해 입는 한 벌로 된) 옷[복장]

제18장

01 · Grammatik

1. 3격

- 3격 전치사 (**aus, bei, mit, nach, seit, von, zu**) 뒤에서 사용

  Das neue Album von **den** Beatles ist gut.
  비틀즈의 새 앨범은 훌륭하다. (den은 복수 3격)

- 위치나 장소의 의미를 가진 전치사 (**an, auf, hinter, in, neben, über, unter, vor, zwischen**) 뒤에서 사용

  Wir haben auf **dem** Markt ein interessantes Buch gekauft.
  우리는 시장에서 재미나는 책을 한 권 샀다. (dem은 단수 3격)

- 무엇이 주어지거나 수행되었음을 누구에게 표현할 때, 즉 간접목적어를 표현할 때 사용

  Meinem Freund schenke ich einen neuen CD-Spieler zum Geburtstag.
  내 남자친구에게 나는 생일에 새 CD플레이어를 선물했다.

- 3격 지배 동사 뒤에서 사용 : **helfen, empfehlen, gefallen** 등

  Kann ich **Ihnen** helfen? 도와 드릴까요?

  Können Sie **mir** etwas empfehlen? (나에게) 뭐 좀 추천해 주시겠어요?

  Hat es **dir** gefallen? 그것 네 마음에 들었니?

해석

단수	복수
나는 잘 있어. 어떻게 지내니? 내일은 더 좋아지면 좋겠어요. 그는 오늘 (상태가) 좋지 않다. 그녀는 현재 훨씬 좋아졌다. 그는 유감스럽게도 상태가 별로 좋지 않다.	우리는 아주 좋아. 너희들은 어떻게 지내? 좋은 여행이 되기를 바랍니다. 너희들은 정말로 신수가 훤하네.

2. 3격 인칭대명사

단수		복수	
ich→mir	**Mir** geht's gut.	**wir→uns**	**Uns** geht's sehr gut.
du→dir	Wie geht's **dir**?	**ihr→euch**	Wie geht's **euch**?
Sie→Ihnen	Hoffentlich geht's **Ihnen** morgen besser.	**Sie→Ihnen**	Wir wünschen **Ihnen** allen eine gute Reise.
er→ihm (남성)	**Ihm** geht's heute nicht so gut.		
sie→ihr (여성)	**Ihr** geht's jetzt viel besser.	**sie→ihnen**	**Ihnen** geht's wirklich sehr gut.
es→ihm (중성)	**Ihm** geht's leider nicht so gut.		

3. 직접목적어(4격)와 간접목적어(3격)

- 여러분은 이미 3격은 **mit**과 **von** 같은 전치사 뒤에서 사용된다는 사실을 배웠습니다. 즉, 무엇이 누구에게(= to whom) 주어지고 있거나 수행되었음을 표현하는 다수의 동사들 뒤에서 사용됩니다. 문장의 이 부분을 흔히 간접목적어(3격 목적어)라고 합니다.
- 이제 우리에게 필요한 것은 직접목적어와 간접목적어를 구분하는 일입니다.

Frau Sabrina schenkt ihrem Sohn einen Hund.
사브리나 부인은 자기 아들에게 개를 선물한다.

위 문장에서 **einen Hund**를 동사 **schenken**의 직접목적어라 하고(직접 주는 행위와 관련된 것이기 때문) **ihrem Sohn**을 간접목적어라고 합니다('사람에게(= to whom)'라는 대상을 표현하기 때문).

- 독일어 문장에서는 영어와는 달리 직접목적어나 간접목적어가 문장의 첫 번째 자리에도 위치할 수 있습니다.

Einen Hund schenkt Frau Sabrina ihrem Sohn.
개를 사브리나 부인은 자기 아들에게 선물한다.

Ihrem Sohn schenkt Frau Sabrina einen Hund.
자기 아들에게 사브리나 부인은 개를 선물한다.

- 이들 문장의 기본의미는 동일합니다. 차이는 강조점에 있습니다. 중요한 것은 정동사(***schenkt***)가 항상 문장의 두 번째 자리에 위치한다는 사실입니다.

4. 문장에서 간접목적어와 직접목적어의 위치

- 둘 다 명사구인 경우: 간접목적어 + 직접목적어

  Ich schenke meinem Bruder eine CD. 나는 내 남동생에게 CD를 선물하겠다.

  Meiner Schwester schenke ich ein Buch. 내 누나에게 나는 책을 선물하겠다.

- 간접목적어만 대명사인 경우: 간접목적어 + 직접목적어

  Ich schenke ihm eine CD. 나는 그에게 CD를 선물하겠다.

  Ihr schenke ich ein Buch. 그녀에게 나는 책을 선물하겠다.

  Wie geht es Ihnen? - Danke, mir geht's gut.
  (당신은) 어떻게 지내십니까? - 감사합니다. 잘 지냅니다.

- 직접목적어가 대명사인 경우 또는 둘 다 대명사인 경우: 직접목적어 + 간접목적어

  Ich schenke sie meinem Bruder.
  나는 그것을 내 남동생에게 선물한다.

  Ich schenke sie ihm.
  나는 그것을 그에게 선물한다.

  Ich schenke es meiner Schwester.
  나는 그것을 내 누나에게 선물한다.

  Ich schenke es ihr.
  나는 그것을 그녀에게 선물한다.

5. 형용사 어미: 정관사류+[형용사+어미]+명사

단수			복수
남성	여성	중성	
der neue Film dem neuen Film den neuen Film	die neue CD der neuen CD die neue CD	das neue Buch dem neuen Buch das neue Buch	die neuen Bücher den neuen Büchern die neuen Bücher

- 정관사류: 정관사(**der, die, das**), 지시대명사(**dies-, jed-, jen-, manch-,**

solch-, …)

- 남성 단수 1격, 여성 단수 1, 4격, 중성 단수 1, 4격은 형용사의 격 어미가 **e**, 나머지는 모두 격 어미가 **-en**

Hast du den neuen Film mit Robert de Niro gesehen? (남성단수 4격)
너는 데 니로가 나오는 새 영화를 보았니?

Hast du schon die neue CD von Oasis gehört? (여성단수 4격)
너는 벌써 오아시스의 새 CD를 들었니?

Hast du das neue Buch von Umberto Eco gelesen? (중성단수 4격)
너는 에코의 새 책을 읽었니?

Hast du schon die neuen Modelle von BMW gesehen? (복수 4격)
너는 BMW의 새 모델들을 보았니?

Er ist mit den neuen Modellen von BMW gefahren. (복수 3격)
그는 BMW의 새 모델들로 타고 갔다

02 · Practice

01 질문에 어울리는 대답을 찾아 연결해보세요.

a. Können Sie mir helfen?	1. Es gefällt mir nicht. Es ist zu teuer.
b. Gefällt Ihnen das Hotel?	2. Ihm geht es nicht so gut.
c. Können Sie mir ein Buch für meine Tochter empfehlen?	3. Die gefallen mir nicht. Die sind schrecklich.
d. Gefällt dir Berlin?	4. Natürlich helfe ich Ihnen.
e. Wie geht es Frau Hansen?	5. Das kann ich Ihnen sagen, fünf nach vier.
f. Können Sie mir sagen, wie spät es ist?	6. Es ist eine tolle Stadt.
g. Wie geht es Sven?	7. Ihr geht es wieder besser.
h. Gefallen dir die Bilder?	8. Ich empfehle Ihnen 'Winnie, der Bär'.

미니사전

gefallen jm. 누구의 마음에 들다,
empfehlen 추천하다,
schrecklich 끔찍한

01

해석

a. 도와주시겠어요?	1. 내 마음에 안 들어요. 너무 비싸요.
b. 이 호텔이 마음에 드십니까?	2. 그는 좋지 않아.
c. 내 딸을 위해 책을 한 권 추천해주실 수 있습니까?	3. 그것들은 내 마음에 안 들어. 끔찍하다.
d. 베를린이 네 마음에 드니?	4. 물론 도와드리겠습니다.
e. 한젠 부인은 어떻게 지냅니까?	5. (당신에게) 말해드릴 수 있습니다. 4시 5분입니다.
f. 몇 시죠?	6. 멋진 도시야.
g. 스벤은 어떻게 지내니?	7. 그녀는 다시 좋아졌어요.
h. 그림들이 네 마음에 드니?	8. 'Winnie, der Bär'을 추천합니다..

정답

a-4, b-1, c-8, d-6, e-7, f-5, g-2, h-3

언어 정보 **3격 지배 동사**

- 독일어에는 3격 목적어(간접목적어)를 취하는 동사(예, **helfen, gefallen**)가 있습니다.

  Sie hilft der Frau. Sie hift ihr. 그녀가 저 여성을 도와준다. 그녀는 그녀를 도와준다.
- 3격 목적어가 영어의 **to**의 의미, 곧 '…에게'의 의미를 갖는 표현도 있습니다.

  Können Sie ***mir*** sagen, wie spät es ist?
  몇 시예요? (직역: 몇 시인지 저에게 말해주시겠어요?)

  Können Sie ***mir*** etwas empfehlen? 뭐 좀 추천해 주시겠어요?

02 판매원의 질문에 대한 소비자의 올바른 대답을 찾아서 대화를 완성하세요.

Verkäufer	Kunde
a. Kann ich Ihnen helfen? b. Ja, wie alt ist er denn? c. Gefällt Ihnen das blaue T-Shirt? d. Gefällt Ihnen das gelbe hier besser? e. Na, das ist schön. f. 21,- Euro. g. Ja, bitte zahlen Sie an der Kasse. Da vorne links. h. Auf Wiedersehen.	1. Ja, das gelbe gefällt mir. Das ist besser. 2. Auf Wiedersehen. 3. Und was kostet es? 4. Ja, gerne. Ich suche ein T-Shirt für meinen Enkelsohn. 5. Gut, das nehme ich dann. 6. Vorne links. Vielen Dank. 7. Mmh, das ist ein bisschen langweilig. Haben Sie nicht etwas Modernes? 8. Acht Jahre. Können Sie mir etwas empfehlen?

미니사전

gelb 노란색의,
e Kasse 계산대,
r Enkelsohn 손자,
langweilig (옷이) 단조로운, 지루한

02
해석

판매원	손님
a. 도와드릴까요? b. 예, 나이가 어떻게 되죠? c. 저 하늘색 티셔츠는 마음에 드십니까? d. 여기 노란색이 더 마음에 드십니까? e. 흠, 그게 좋네요. f. 21 유로입니다. g. 예, 카운터에서 계산하세요. 저 앞 왼쪽에 있어요. h. 안녕히 가세요.	1. 예, 노랑색이 마음에 드네요. 그게 더 좋네요. 2. 안녕히 계세요. 3. 그런데 얼마죠? 4. 예, 좋아요. 내 조카에게 줄 티셔츠를 찾고 있습니다. 5. 좋아요. 그걸로 하겠습니다. 6. 앞쪽 왼쪽에요. 감사합니다. 7. 음, 이건 약간 단조롭네요. 좀 현대적인 것은 없나요? 8. 8살 입니다. 뭐 좀 추천해주실 수 있어요?

정답

a-4, b-8, c-7, d-1, e-3, f-5, g-6, h-2

03. 괄호 안에 간접목적어(*ihr, ihm, ihnen*)를 넣어보세요.

a. Beate hat Geburtstag. Marcus schenkt (　　) eine CD.

b. Frank macht eine Party. Susi bringt (　　) eine Flasche Sekt mit.

c. Steffi und Caroline haben Hunger. Ihre Mutter kauft (　　) Pommes frites.

d. Svenja fährt nach Österreich. Ihr Bruder gibt (　　) einen guten Reiseführer.

e. Christina und Robert heiraten. Herr Standke schenkt (　　) einen neuen DVD-Player.

f. Herr Fabian wird 65. Seine Kollegen haben (　　) eine Geburtstagskarte geschrieben.

미니사전

r Geburtstag 생일,
e Geburtstagskarte 생일카드,
eine Party machen 파티를 열다,
r Sekt 샴페인,
r Reiseführer 여행안내서,
Pommes frites [pɔm frit] (복수) 감자튀김

03

해석

a. 베아테는 생일이다. 마르쿠스는 그에게 CD를 선물한다.
b. 프랑크는 파티를 연다. 수지는 그에게 샴페인을 한 병 가져간다.
c. 슈테피와 칼로리네는 배가 고프다. 그들 어머니는 그들에게 감자튀김을 사준다.
d. 스베냐는 오스트리아로 간다. 그녀의 남동생은 그녀에게 훌륭한 여행 안내서를 준다.
e. 크리스티나와 로버트는 결혼한다. 슈탄트케는 그들에게 새 DVD-플레이어를 선물한다.
f. 파비안 씨는 65세가 된다. 그의 동료들은 그에게 생일카드를 썼다.

정답

a-ihr b-ihm c-ihnen, d-ihr, e-ihnen, f-ihm

04 올바른 형용사 어미를 넣어보세요.

a. Die grün___ Jacke finde ich toll.

b. Ja, aber die rot___ Jacke finde ich noch besser.

c. Der neu___ Film mit Julia Roberts ist katastrophal.

d. Ja, aber den neu___ Film mit George Clooney finde ich fantastisch.

e. Das neu___ Album von den Rolling Stones ist gut.

f. So? Die alt___ Songs finde ich aber besser.

04

해석

a. 녹색 재킷이 멋있는 것 같아.
b. 맞아. 그러나 빨강색 재킷이 더 좋은 것 같아.
c. 줄리아 로버츠가 나오는 새 영화는 끔찍하다.
d. 맞아. 그러나 조지 클루니가 나오는 새 영화는 환상적이라고 생각해
e. 롤링 스톤즈의 새 앨범은 훌륭해.
f. 그래? 옛날 노래들이 더 좋은 것 같아.

정답

a-e, b-e, c-e, d-en, e-e, f-en

02 · Sprechen

Was bringen wir der Familie mit?

그 가족에게 무엇을 선물할까?

Sascha Was für ein Stress, jetzt müssen wir auch noch nach den Geschenken suchen. Wir haben mal wieder bis zum letzten Tag gewartet.
정말 스트레스네, 지금 우리는 선물을 더 찾아봐야 해. 또 다시 마지막 날까지 뻗친 거네.

Sys Na ja, das ist ja nichts Neues. Aber was kaufen wir bloß?
아무튼, 이건 전혀 새롭지가 않네. 하지만 뭘 좀 사야지?

Sascha Wie wäre's mit einer CD von Frank Sinatra für Mutti?
어머니께는 프랭크 시나트라의 CD가 어떨까?

Sys Gute Idee! Mutti war immer ein großer Fan von ihm.
좋은 생각이야! 어머니는 언제나 그 사람 팬이었어.

Sascha Und Vati? Was bringen wir ihm? Das ist doch schwierig, oder?
그런데 아버지는? 아버지께는 뭘 드리지? 어려워. 그렇잖니?

Sys Vati sieht gern Baseball-Spiele im Fernsehen. Kaufen wir ihm eine Baseball-Mütze von den New York Yankees.
아버지는 텔레비전에서 야구경기를 즐겨 보시니까. 아버지께는 뉴욕 양키스 팀의 야구 모자를 사 드리자.

Saskia Toll! Vati mit einer Baseball-Mütze - das möchte ich sehen!
좋아! 아버지께는 야구 모자로 하고. 그 모습을 나도 보고 싶어!

Sys Und Oma hat gesagt, sie möchte einen neuen Bademantel.
그런데 할머님은 새 목욕가운을 원한다고 말씀하셨는데.

Sascha Gut, dann schenken wir ihr einen Bademantel. Hoffentlich ist er aber nicht zu teuer.
좋아. 그럼 할머니께는 목욕가운을 선물하자. 너무 비싸지 않으면 좋겠는데.

Sys Oh, Tante Heidi müssen wir Turnschuhe von Nike kaufen. Sie hat mir das Geld dafür gegeben. Nike-Turnschuhe sind in Amerika viel billiger als in Europa.
아, 하이디 숙모에게는 나이키 운동화를 사줘야 해. 숙모님이 그걸 살돈을 내게 주셨어. 나이키 운동화는 유럽보다는 미국이 훨씬 싸다.

Sascha Und Onkel Georg sammelt U-Bahn-Pläne. Ihm können wir einen U-Bahn-Plan von New York mitbringen.

미니사전

s Geschenk 선물,
suchen nach D. …을 찾다,
bis zum letzten Tag 다음 날까지,
r Bademantel 목욕가운,
r Turnschuh 운동화

그런데 게오르크 삼촌은 지하철 지도를 수집한다. 삼촌에게는 뉴욕 지하철 지도를 가져가는 것이 좋겠다.

Sys Ein komisches Geschenk, aber es wird ihm wohl gefallen.

좀 웃기는 선물이야. 하지만 그게 삼촌 마음에 들 거야.

Sascha Das wär's also. Gehen wir schnell einkaufen. Und vergiss nicht, deine Kreditkarte mitzunehmen!

이게 전부네(다 됐네). 빨리 쇼핑하고 싶다. 그리고 네 신용카드를 가져가는 것 잊지 마!

Die Geschenke: eine CD von Frank Sinatra, einen U-Bahn-Plan, ein Bademantel, Turnschuhe, eine Baseball-Mütze

Wem?	Was bringen sie mit?	Warum?
Mutter	Sie bringen ihr eine CD von Frank Sinatra mit.	Sie ist ein großer Fan von Sinatra.
Vater	Sie bringen ihm···	________?
Oma	_______?	________?
Tante Heidi	_______?	________?
Onkel Georg	_______?	________?

해석

선물들: 프랭크 시나트라의 CD, 지하철 지도, 목욕가운, 운동화, 야구모자

정답

Wem?	Was bringen sie mit?	Warum?
Mutter	Sie bringen ihr eine CD von Frank Sinatra mit.	Sie ist ein großer Fan von Sinatra.
Vater	Sie bringen ihm eine Baseball-Mütze von den New York Yankees mit.	Er sieht gern Baseball-Spiele im Fernsehen.
Oma	Sie bringen ihr einen neuen Bademan-tel mit.	Koreanische BadeMäntel sind sehr gut.
Tante Heidi	Sie bringen ihr Turnschuhe von Nike mit.	Nike-Turnschuhe sind in Amerika viel billiger als in Europa.
Onkel Georg	Sie bringen ihm einen U-Bahn-Plan von New York mit.	Er sammelt U-Bahn-Pläne.

유용한 표현

독일어	영어
Können Sie mir helfen? 도와 주시겠어요?	Can you help me?
Könnten Sie mir etwas empfehlen? 뭐 좀 추천해주시겠어요?	Could you recommend me something?
Gefällt Ihnen/dir das T-Shirt? (그) 티셔츠가 마음에 드세요?	Do you like the T-Shirt?
Gefallen Ihnen/dir die Hemden? (그) 셔츠가 마음에 드세요?	Do you like the Shirts?
Können Sie mir sagen, wie spät es ist? 몇 시인지 말씀해 주실 수 있나요?	Can you tell me what the time is?
Wie geht es Ihnen/dir? 어떻게 지내세요?	How are you?

03 · Lesen

미니사전

heiraten 결혼하다
einladen 초대하다
feiern 축하하다
s Schloss 성
e Feier 축하, 잔치
e Hauseinweihungsfeier 낙성식
r Termin 일정
r Vegetarier 채식주의자
Spaß machen 즐기다

Einladungen 초대장

Susanne Fröhlich **Michael Hartmann**

Wir heiraten am Samstag, den 8. Mai um 14.30 Uhr in der Elisabethkirche, Marburg.

Zu unserer Hochzeit laden wir Sie herzlichst ein.

Ahornweg 31	ÄähauptStraße 48
35043 Marburg	35683 Dillenburg

수잔네 프뢸리히 미햐엘 하르트만

우리 두 사람은 5월 8일 토요일 14시 30분에 마르부르크의 엘리자베트 교회에서 결혼합니다.

우리의 결혼식에 당신을 초대합니다.

Ahornweg 31	Äähauptstraße 48
35043 Marburg	35683 Dillenburg

Peter wird nächsten Samstag

8

Jahre alt.

Das wollen wir natürlich feiern mit

einer ganz tollen Kindergeburtstagsparty,

mit Kuchen und vielen Spielen.

Wir fangen um 15.00 Uhr an. Bringt auch eure Eltern mit.

Die Adresse: Familie Schäfer, Am Bergkampe 4

페터는 다음 주 토요일에 8세가 됩니다.
그래서 우리는 케이크와 많은 게임들과 함께 꽤 멋진 아이생일파티를 열고자 합니다.
우리는 15시에 시작합니다. 부모님과 함께 오세요
주소: Familie Schäfer, Am Bergkampe 4

Lange haben wir gesucht und endlich unser Schloss gefunden.
Darum möchten wir euch, liebe Bärbel, lieber Georg, zu unserer
HAUSEINWEIHUNGSFEIER
am 30. November, um 20.00 Uhr einladen.
Unsere neue Adresse: 90482 Nürnberg, WaldStraße 25.
Unsere neue Telefonnummer: 378459

Viele Grüße
Uschi und Matthias Hasenberg

우리는 오랫동안 찾다가 마침내 우리의 성을 찾았습니다. 그래서 여러분들, 사랑하는 배르벨, 사랑하는 게오르그를 11월 30일 20시에 있는 우리의 입주식에 초대하고 싶습니다.

우리 새 주소: 90482 Nürnberg, WaldStraße 25.
우리 새 전화번호: 378459

인사를 드리며
우시와 마티아스 해젠베르그가

Maria und Jörg Schwichter Krummer Weg 12 24939 Flensburg
Tel. 55 32 17

Liebe Susanne, Lieber Gerd,
bevor der Winter kommt, wollen wir noch einmal eine Grill Party in unserem Garten machen.
Der Termin: der letzte Samstag im Monat (27. September) ab 19.00 Uhr.
Könnt ihr kommen?
Natürlich gibt es nicht nur Fleisch, sondern wir haben auch Essen für Vegetarier. Bringt doch bitte einen Salat mit . Alles andere haben wir.
Alles Gute
Eure Schwichters
PS. Wie war es denn in Spanien? Habt ihr viel Spaßgehabt?

마리아와 예르크 슈비히터 Krummer Weg 12 24939 Flensburg Tel. 55 32 17
사랑하는 수잔네, 사랑하는 게르트에게,
겨울이 오기 전에 다시 한 번 그릴 파티를 우리 정원에서 하고 싶다.
일정: 9월 27일 마지막 토요일, 19시부터. 너희들 올 수 있니?
당연히 고기뿐 아니라 채식주의자를 위한 음식도 있다. 그렇지만 샐러드는 가지고 와.
다른 것은 모두 우리가 가지고 있어.
잘 있어
너희들의 슈비히터 가족이
추신. 스페인은 어땠니? 너희들 많이 즐거웠지?

Richtig oder falsch?

a. Susanne und Michael heiraten am 28. Mai in Marbach.

b. Familie Schäfer feiert nächsten Samstag Peters achten Geburtstag.

c. Uschi und Matthias haben ihren idealen Garten gefunden.

d. Susanne und Gerd wollen in ihrem Haus eine Abschiedsparty machen.

e. Vegetarier müssen ihr Essen mitbringen.

해석

a. 수잔네와 미하엘은 5월 28일에 마르바흐에서 결혼한다.
b. 셰퍼 가족은 다음 주 토요일에 페터의 8번째 생일 축하파티를 연다.
c. 우시와 마티아스는 그들의 이상적인 정원을 발견했다.
d. 수잔네와 게르트는 자기 집에서 송별회를 열고 싶어 한다.
e. 채식주의자는 자기 음식을 가져와야 한다.

정답

Richtig: b, falsch: a (Susanne und Michael heiraten am 8. Mai in Marbach.), c (Uschi und Matthias haben ihr 'Schloss' gefunden.), d (Susanne und Gerd wollen in ihrem Haus eine Grill-Party machen.), e (Sie haben auch Essen für Vegetarier.)

제19장

01 · Grammatik

1. 화법동사(Modalverben)

	dürfen may	**können** can	**müssen** must	**sollen** should	**wollen** will
ich **du** **Sie** **er/sie/es**	darf darfst dürfen darf	kann kannst können kann	muss musst müssen muss	soll sollst sollen soll	will willst wollen will
wir **ihr** **Sie** **sie**	dürfen dürft dürfen dürfen	können könnt können können	müssen müsst müssen müssen	sollen sollt sollen sollen	wollen wollt wollen wollen

- 독일어 화법동사는 본동사로도 사용될 수 있습니다.

  Darf ich noch Volleyball spielen? (조동사) 배구를 더 해도 돼요?

  Ich **kann** sehr gut Englisch. (본동사) 나는 영어를 아주 잘 할 수 있다.

  Wir **wollen** morgen nach München. (본동사) 우리는 내일 뮌헨에 가고 싶다.

  Mein Arzt sagt, ich **soll** weniger Fett essen. (조동사)
  내 (주치)의사는 내가 기름진 음식을 좀 덜 목어야 한다고 말한다.

- 독일어 화법동사는 조동사로도 사용될 수 있습니다. 그러면 본동사는 원형동사(부정사, Infinitiv)가 되어 문장 끝에 위치합니다.

  Hier **darf** man leider nicht parken. 여기는 유감스럽게도 주차하면 안 된다.

  Jetzt **müssen** wir nach Hause gehen. 이제 우리는 집에 가야 한다.

  Wir **wollen** morgen nach Berlin fliegen.
  우리는 내일 베를린에 (비행기를 타고) 가려고 한다.

2. 종속접속사 wenn

- **wenn**은 영어의 **if**나 **when**의 의미가 있습니다.
- **wenn**-부문장에서 정동사는 항상 끝에 위치합니다.

Mir gefällt es, **wenn** die Sonne ***scheint***. 내 마음에 드는 것은 햇빛이 빛날 때이다.

wenn es im Winter ***schneit***. 겨울에 눈이 올 때이다.

wenn es im Herbst windig ***ist***. 가을에 바람이 불 때이다.

- **wenn**-부문장이 전체 문장 앞에 위치하면 뒤에 오는 주문장은 주어와 정동사가 도치합니다.

Wenn es morgen Nachmittag ***regnet***, gehe ich ins Kino.
내일 오후에 비가 오면, 나는 영화를 보러 가겠다.

Wenn ich nicht zu viel Arbeit ***habe***, 일거리가 너무 많지 않으면,

Wenn meine Freundin mitkommen ***kann***, 내 여자 친구가 함께 갈 수 있으면,

02 · Practice

01 **sollen, wollen, dürfen.** 적합한 화법동사를 넣어보세요.

a. Herr Kasper ist zu dick. Die Ärztin sagt, er (   ) weniger essen.

b. Frau Meier liebt Italien. Sie (   ) nächstes Jahr nach Neapel fahren.

c. Peter ist morgens immer müde. Seine Mutter sagt, er (   ) früher ins Bett gehen.

d. Beate Sabowski hat Herzprobleme. Der Arzt sagt, sie (   ) nicht mehr rauchen.

e. Kinder unter 16 Jahren (   ) den Film nicht sehen.

f. Man (   ) nicht zu viel Kaffee trinken.

g. Im Sommer fahre ich nach Argentinien. Vorher (   ) ich ein wenig Spanisch lernen.

미니사전

zu dick 너무 뚱뚱한,
weniger essen 더 적게 먹다,
nächstes Jahr 내년에,
morgens 아침에, 아침마다,
müde 피곤한,
Herzproblem haben 심장에 문제가 있다,
rauchen 담배를 피우다,
zu viel 너무 많이,
vorher 이전에는

01

해석

a. 카스파 씨는 너무 뚱뚱하다. 여의사의 말에 따르면, 그는 좀 덜 먹어야 한다.
b. 마이어 부인은 이탈리아를 사랑한다. 그녀는 내년에 나폴리로 가고 싶어 한다.
c. 페터는 아침마다 피곤하다. 그의 어머니에 따르면 그는 더 일찍 잠자리에 들어야 한다.
d. 베아테 사봅스키는 심장에 문제가 있다. 의사의 말에 따르면, 그녀는 더 이상 담배를 피워서는 안 된다.
e. 16세 이하의 어린이들은 그 영화를 보면 안 된다.
f. 사람들은 커피를 너무 많이 마시면 안 된다.
g. 여름에 나는 아르헨티나로 간다. 그 전에 나는 스페인어를 좀 배우고 싶다.

정답

a-soll, b-will, c-soll, d-darf, e-dürfen, f-soll, g-will

02 wenn을 이용하여 2 문장을 연결해 보세요.

보기

Du willst länger schlafen lernen? Dann musst du ins Bett gehen.
→ Wenn du länger schlafen willst, musst du früher ins Bett gehen.

a. Du möchtest Englisch lernen? Dann musst du in eine Sprachschule gehen.

b. Bodo möchte ein altes Buch über Deutschland finden? Dann muss er auf dem Flohmarkt suchen.

c. Ihr wollt nächste Woche nach New York fliegen? Dann müsst ihr bald eure Tickets buchen.

d. Florian möchte am Wochenende zu Heikes Party gehen? Dann muss er nett zu ihr sein.

e. Marcus möchte ein Jahr in Madrid arbeiten? Dann muss er ja Spanisch lernen.

f. Sie haben kein Geld und keine Kreditkarte? Dann müssen Sie mit einem Scheck bezahlen.

미니사전

e Sprachschule 어학원
nächste Woche 다음 주에
buchen 예약하다
länger schlafen lernen 더 오래 잠자는 법을 배우다
mit einem Scheck bezahlen 수표로 값을 지불하다
r Scheck 수표
nett zu jm. sein …에게 친절하다
e Kreditkarte 신용카드
bezahlen ….의 값을 지불하다

02

해석

[보기] 너는 더 오래 자는 법을 배우고 싶은 거니? 그러면 너는 자러 가야 한다.
→ 더 오랫동안 잠을 자고 싶으면, 더 일찍 잠자리에 들어야 한다.
a. 너는 영어를 배우고 싶은 거니? 그러면 어학원에 가야 한다.
b. 보도는 독일에 관한 옛날 책을 찾고 싶어 하니? 그러면 벼룩시장에서 찾아야 한다.
c. 너희들은 다음 주에 뉴욕으로 가고 싶은 거니? 그러면 곧장 티켓을 예약해야 한다.
d. 플로리안은 주말에 하이케의 파티에 가고 싶어 하니? 그러면 그녀에게 친절해야 한다.
e. 마쿠스는 일 년 동안 마드리드에서 일하고 싶어 하니? 그러면 스페인어를 배워야 한다.
f. 당신은 돈도 없고 신용카드도 없어요? 그러면 수포로 계산해야 합니다.

정답

a-Wenn du Englisch lernen möchtest, musst du in eine Sprachschule gehen. b-Wenn Bodo ein altes Buch über Deutschland finden möchte, muss er auf dem Flohmarkt suchen. c-Wenn ihr nächste Woche nach New York fliegen wollt, müsst ihr bald eure Tickets buchen. d-Wenn Florian am Wochenende zu Heikes Party gehen möchte, muss er nett zu ihr sein. e-Wenn Marcus ein Jahr in Madrid arbeiten möchte, muss er ja Spanisch lernen. f-Wenn Sie kein Geld und keine Kreditkarte haben, müssen Sie mit einem Scheck bezahlen.

03 [보기]에서 알맞은 단어를 골라 넣어보세요.

보기

Zahnarzt, Augenarzt, Kinderarzt, Facharzt für Hals-Nasen-Ohren-Krankheiten, Arzt für Allgemeinmedizin

a. Mit den Kindern geht man zum (   ).

b. Wenn man Probleme mit den Augen hat, geht man zum (   ).

c. Wenn man Ohrenschmerzen hat, geht man zum (   ).

d. Wenn man zum Beispiel eine Grippe oder Fieber hat, geht man zum (   ).

미니사전

r Zahnarzt 치과의원
r Augenarzt 안과의원
r Kinderarzt 소아과의원
r Facharzt 전문의
Facharzt für Hals-Nasen-Ohren-Krankheiten 이비인후과 전문의원
r Hals 목
e Nase 코
s Ohr 귀
e Krankheit 병
Arzt für Allgemeinmedizin 일반의원(전문의가 아님)
Probleme mit den Augen haben 눈에 문제가 있다
e Grippe 유행성감기
r Fieber 열

03

해석

[보기] 치과의원, 안과의원, 소아과의원, 이비인후과 전문의원, 일반의원

a. 아이들과는 소아과의원에게 간다.

b. 눈에 문제가 있으면, 안과의원에 간다.

c. 귀에 통증이 있으면 이비인후과의원에 간다.

d. 이를테면 유행성 감기나 열이 있으면 일반의원에 간다.

정답

a-Kinderarzt, b-Augenarzt, c-Facharzt für Hals-Nasen-Ohren-Krankheiten, d-Arzt für Allgemeinmedizin

02 · Sprechen

Beim Arzt 병원에서

Dr. S. Guten Tag, Frau M. Was kann ich für Sie tun? Was fehlt Ihnen?
안녕하세요, M 부인, 어떻게 오셨어요? 어디가 아프시죠?

M. (Frau Doktor,) Ich habe ziemlich starke Rückenschmerzen.
의사 선생님, 등이 진짜 심하게 아파요.

Dr. S. Oh, das tut mir leid. Wie lange haben Sie die Schmerzen denn schon? 아, 안됐네요. 아픈 지 얼마나 됐어요?

M. Fast vier Wochen, aber es wird immer schlimmer.
거의 4주 됐어요, 하지만 점점 더 나빠지고 있어요.

Dr. S. Arbeiten Sie denn viel am Schreibtisch? 책상에서 일을 많아 하세요?

M. Ja, wir haben ein neues Computer-System, und jetzt arbeite ich fast die ganze Zeit am Computer.
예, 새로운 컴퓨터시스템이 있어요. 현재 거의 하루 종일 컴퓨터 앞에서 작업을 해요.

Dr. S. Kann ich bitte einmal sehen … Also, der Rücken ist sehr verspannt. Treiben Sie denn Sport?
한 번 볼가요 … 그러니까, 등이 경직되어 있네요. 운동은 하세요?

M. Nicht sehr viel. Im Moment spiele ich nur ein bisschen Volleyball.
아주 많이는 못해요. 지금은 배구만 좀 합니다.

Dr. S. Also Frau Phillip, ich glaube, es ist nichts Schlimmes. Ich verschreibe Ihnen 10 Massagen und auch etwas gegen die Schmerzen. Und Sie dürfen in den nächsten Wochen nicht Volleyball spielen. Gehen Sie lieber zum Schwimmen.
필립 부인, 나쁘지 않은 것 같아요. 마사지 10회와 통증을 없애주는 것을 조금 처방해드리겠습니다. 그리고 다음 주에는 배구를 하면 안 돼요. 수영하러 가세요.

M. Kann ich denn sonst noch etwas tun? 다른 것은 해도 괜찮아요?

Dr. S. Ja, Sie müssen bei der Arbeit bequem sitzen und der Schreibtisch muss die richtige Höhe haben. Das ist sehr wichtig.
예, 근무할 때 편하게 앉아 있어야 됩니다. 그리고 책상은 알맞은 높이여야 하고요. 이건 아주 중요합니다.

M. Gut, vielen Dank. 알겠습니다. 감사합니다.

Dr. S. Gern geschehen. Und gute Besserung, Frau M.
천만에요. 쾌차 하십시오, M 부인.

미니사전

Was fehlt Ihnen? 어디가 아프시죠?
verspannt 경직된, 경련을 일으킨
immer schlimmer 점점 더 나쁜
r Volleyball 배구
verschreiben 처방하다
Gern geschehen (= 'You're welcome')
Gute Besserung (= 'Get well quickly!') 쾌차 하십시오

Frau M. ist bei ihrer Ärztin. Richtig oder falsch?

a. Frau M. hat Rückenschmerzen.

b. Die Schmerzen hat sie schon seit sechs Wochen.

c. Sie arbeitet viel am Computer.

d. Die Ärztin verschreibt ihr 10 Massagen.

e. Frau M. darf nicht mehr schwimmen.

f. Die Ärztin sagt, es ist sehr gefährlich.

해석

a. M 부인은 등에 통증이 있다.
b. 통증은 이미 6주 전부터 있다.
c. 그녀는 컴퓨터 앞에서 많이 작업한다.
d. 여의사는 그녀에게 10회 마사지를 처방한다.
e. M 부인은 더 이상 수영을 하지 말아야 한다.
f. 여의사에 따르면, 그것은 아주 위험하다.

정답

Richtig : a, c, d falsch : b (Die Schmerzen hat sie seit fast 4 Wochen.), e (Sie darf nicht Volleyball spielen. Sie soll lieber zum Schwimmen gehen.).

유용한 표현

Ich habe… Ich habe die Schmerzen …	Magen-/Kopfschmerzen etc. seit zwei Tagen, seit einer Woche etc.
Kann ich / Darf ich … Muss ich …. Wie oft muss ich … Was kann ich/darf ich/ Was soll ich …	zur Arbeit gehen, aus dem Haus gehen? im Bett bleiben, ins Krankenhaus etc.? die Tabletten/Tropfen nehmen etc.? essen, trinken, machen etc.?

해석

나는 위/머리가 아프다.
나는 이틀 전부터, 일주일 전부터 통증이 있다.

출근해도/외출해도 괜찮아요?
침대에/병원에 있어야 합니까?
알약/물약을 얼마나 자주 복용해야 합니까?
무엇을 먹을/마실/할 수 있습니까?
무엇을 먹어야/마셔야/해야 합니까?

독일 정보 **의료보험(Krankenversicherung)**

독일의 대학생들(자국민과 외국인 모두)은 만 30세까지 의무적으로 의료보험에 가입해야 합니다. 대학입학허가서에 필요한 서류 중 하나가 바로 의료보험가입증명서이니까요. 의료보험료는 보통 월 50 유로 내외이며, 의료보험 가입자는 무료에 가까운 의료서비스를 받을 수 있습니다.

그런데, 나이가 만 30세 미만이거나 14학기 이하의 대학생에게는 의료보험료 할인혜택이 주어지지만, 만 30세 이상의 대학생은 의무보험이 아닌 개인보험으로 용도 변경되면서 학생할인혜택도 사라지고 보험료는 가파른 상승곡선을 그린답니다.

발음 정보 **b**

- b가 단어나 음절 끝에 오면 [p]로 발음됩니다.
  gib, hab, Urlaub, halb, abholen, Obst, ob, Herbst, schreibt
- b가 단어나 음절의 끝에 오지 않으면 [b]로 발음됩니다.
  geben, haben, Urlaube, halbe, Ober

03 · Lesen

Tun Sie genug für Ihre Gesundheit?

당신은 당신의 건강을 위해 운동을 충분히 하십니까?

Gabriela Tomascek, 21, Designerin 가블리엘라 토마셰크, 21세, 디자이너

Ich treibe viel Sport, spiele Fußball, ein bisschen Tennis. Ich rauche nicht, trinke sehr wenig Alkohol. Außerdem esse ich gesund, viel Salat und Obst. Ja, ich denke, ich tue genug. Ich fühle mich sehr fit und bin nur selten krank. Nächstes Jahr will ich vielleicht einen Fitness-Urlaub machen.

나는 운동을 많이 하는데, 축구를 하고, 테니스를 좀 한다. 나는 담배를 피우지 않고, 술을 좀 마신다. 또한 나는 건강하게 식사를 하는데, 샐러드와 과일을 많이 먹는다. 그래, 내 생각에, 나는 충분히 하고 있는 것 같다. 나는 아주 건강하다는 느낌이고, 별로 아프지 않다. 내년에는 건강휴가를 떠나고 싶다.

Michael Warnke, 45, Computer-Programmierer
미하엘 바른케, 45세, 컴퓨터 프로그래머

Ich habe Probleme mit dem Herz und meinem Gewicht. Der Arzt sagt, ich darf nicht mehr rauchen und soll auch weniger Fett essen. Außerdem soll ich auch mehr Sport treiben, denn ich sitze den ganzen Tag am Computer. Im Moment jogge ich abends, aber am Wochenende will ich auch mehr mit dem Rad fahren.

나는 심장과 몸무게에 문제가 있다. 의사의 말에 따르면, 나는 담배를 피우지 않아야 하고, 기름진 것을 되도록 적게 먹어야 한다. 또한 나는 운동도 더 많이 해야 한다. 왜냐하면 나는 종일 컴퓨터 앞에 앉아있기 때문이다. 현재 나는 저녁마다 조깅을 하지만, 주말에는 자전거를 더 타고 싶다.

Marianne Feuermann, 49, Bankkauffrau 마리안네 포이어만, 49세, 은행원

Ich habe im Moment Röckenprobleme und soll viel schwimmen gehen. Meistens schwimme ich vier- bis fünfmal pro Woche. Früher habe ich oft Volleyball gespielt. Meine Ärztin hat mir gesagt, ich darf nicht mehr Volleyball spielen. Ich darf leider auch nicht mehr Ski fahren. Ich hoffe, es geht mir bald wieder besser, denn ich treibe sehr gerne Sport und will wieder aktiver leben.

나는 현재 등에 문제가 있고, 수영을 더 많이 해야 한다. 대개 나는 일주일에 4-5번 수영을 한다. 옛날에는 자주 배구를 했다. 나의 주치의사의 말에 따르면, 나는 배구를 더 이상 해서는 안 된다. 나는 유감스럽게도 스키도 타서는 안 된다. 나는 곧 다시 좋아지기를 바란다. 왜냐하면 나는 정말로 운동을 하면서 다시 보다 적극적으로 살아가고 싶기 때문이다.

미니사전

- Sport treiben 운동하다
- außerdem 그밖에
- s Gewicht 몸무게
- krank 아픈 병든
- Röckenprobleme haben 등에 문제가 있다
- r Röcken 등
- Rotes Meer 홍해
- e Sport-Fanatikerin 운동 마니아(여자)
- s Windsurfen 윈드서핑
- relaxen 여유를 갖다
- s Fett 지방(질)
- s Tauchen = 'diving'

Egbert Schmidt-Titzian, 53, Verkäufer 에크베르트 슈미트-티치안, 53세, 판매원

Meine Frau ist eine Sport-Fanatikerin. Im Sommer Windsurfen und Tauchen im Roten Meer, im Winter Ski fahren in den Alpen und ich muss immer mit. Mein Arzt hat schon gesagt, ich soll nicht mehr so viel Sport machen, denn das ist nicht gut für mich. Ich glaube, ich tue zu viel im Moment. Ich will mehr relaxen. Ich brauche mehr Freizeit.

내 부인은 운동 광이다. 여름에는 홍해에서 윈드서핑과 스쿠버다이빙을 하고, 겨울에는 알프스에서 스키를 타는데, 나는 항상 같이 가야 한다. 나의 주치의사는 내가 더 이상 운동을 그렇게 많이 하면 안 된다고 말했다. 왜냐하면 그것이 나에게는 좋지 않기 때문이다. 내 생각에는 나는 현재 너무 많이 하고 있는 것 같다. 나는 더 여유를 갖고 싶다. 나에게는 여가시간이 더 필요하다.

Vier Leute erzählen, ob sie genug für Ihre Gesundheit tun.
질문에 대답하시오.

a. Wer joggt abends?

b. Wer möchte mehr relaxen?

c. Wer hat früher Volleyball gespielt?

d. Wer lebt sehr gesund?

e. Wer treibt viel Sport?

f. Wer darf nicht mehr Ski fahren?

해석

a. 누가 저녁마다 조깅을 합니까?
b. 누가 더 여유를 갖고 싶어 합니까?
c. 누가 옛날에 배구를 했습니까?
d. 누가 아주 건강하게 살고 있습니까?
e. 누가 운동을 많이 합니까?
f. 누가 더 이상 스키를 타면 안 됩니까?

정답

a-Michael, b-Egbert, c-Marianne, d-Gabriela, e-Gabriela, f-Marianne

제20장

01 · Grammatik

1. 단순과거

		sein		haben	
		단순과거	현재완료	단순과거	현재완료
단수	**ich** **du** **er/sie/es**	war warst war	bin gewesen bist gewesen ist gewesen	hatte hattest hatte	habe gehabt hast gehabt hat gehabt
복수	**wir** **ihr** **sie**	waren wart waren	sind gewesen seid gewesen sind gewesen	hatten hattet hatten	haben gehabt habt gehabt haben gehabt
존칭	**Sie**	waren	sind gewesen	hatten	haben gehabt

- **sein, haben**의 단순과거와 현재완료 시제는 의미상의 차이는 없습니다.

  Ich **war** letzten Sommer in Österreich. 나는 작년 여름에는 오스트리아에 있었다.

  Ich **bin** letzten Sommer in Österreich gewesen.
  나는 작년 여름에는 오스트리아에 있었다.

  Peter **hatte** diesen Sommer kein Geld. 페터는 금년 여름에는 돈이 없었다.

  Peter **hat** diesen Sommer kein Geld gehabt. 페터는 금년 여름에는 돈이 없었다.

〈참고〉 동사 **sein, haben**은 일상대화에서도 다른 동사들과는 달리 과거의 사실을 표현할 때 현재완료 시제를 사용하지 않고 주로 과거 시제를 사용합니다.

2. 화법동사의 과거 형태와 용법

- 독일어 화법(조)동사의 의미는 영어의 그것과 일치합니다.
- 독일어 화법(조)동사는 불규칙동사이므로 인칭에 따른 활용형을 잘 외어두어야 합니다.

독어: 영어:	**dürfen** may	**Können** can	**müssen** must	**sollen** should	**wollen** will
ich **du** **Sie** **er/sie/es**	durfte durftest durften durfte	konnte konntest konten konnte	musste musstest mussten musste	sollte solltst sollten sollte	wollte wolltest wollten wollte
wir **ihr** **Sie** **sie**	durften durftet durften durften	konnten konntet konnten konnten	mussten musstet mussten mussten	sollten solltet sollten sollten	wollten wolltet wollten wollten

주의 화법동사의 과거형에는 움라우트가 사라집니다(예, dürfen → durfte, können → konnte, müssen → musste).

1. 허가: Als Kind ***durfte*** ich nur eine Stunde pro Tag fernsehen.

   어린 시절에 나는 하루에 한 시간만 텔레비전을 봐도 되었다.

2. 가능: Im Winter ***konnten*** wir Ski laufen.

   겨울에 우리는 스키를 탈 수 있었다

3. 필연: Bernd ***musste*** gestern um 6 Uhr aufstehen.

   베른트는 어제 6시에 일어나야 했다.

4. 의무: Ich ***sollte*** heute meine Eltern besuchen.

   나는 오늘 내 부모님을 방문해야 했다.

5. 소망: Hans und Inge ***wollten*** ins Kino mitkommen.

   한스와 잉에는 함께 영화를 보러 가고 싶었다.

3. 방향 전치사-장소 전치사

- 독일어에서 국가나 도시, 산이나 섬 등으로 간다고 말할 때(방향/이동) 어떤 전치사를 사용할까요? 그리고 국가나 도시, 산이나 섬에 있다고 말할 때(장소/상태)에는 어떤 전치사를 사용할까요? 다음은 어떤 전치사가 언제 사용되는지를 개관한 것입니다.

	방향(이동)	장소(상태)
a. 도시	Ich fahre **nach** Berlin. 나는 베를린으로 간다.	Ich bin **in** Berlin. 나는 베를린에 있다.
b. 국가	Sie fährt **nach** Frankreich. 그녀는 프랑스로 간다. 〈예외〉 Sie fährt **in die** Schweiz/ **in die** Türkei. 그녀는 스위스/터키로 간다. Sie fährt **in die** USA.. 그녀는 미국으로 간다.	Sie ist **in** Frankreich. 그녀는 프랑스에 있다. 〈예외〉 Sie ist **in der** Schweiz/ **in der** Türkei. 그녀는 스위스/터키에 있다. Sie ist **in den** USA. 그녀는 미국에 있다.
c. 지역	Sie sind **aufs** Land gefahren. 그들은 시골로 갔다.	Sie waren **auf dem** Land. 그들은 시골에 있다.
d. 섬	Sie sind **nach** Rügen geflogen. 그들은 뤼겐섬으로 갔다.	Sie waren **auf** Rügen. 그들은 뤼겐섬에 있다.
e. 바다 f. 산	Er fährt **ans** Meer/**an die** Ostsee /**an den** Atlantik. 그는 바닷가/동해안/대서양으로 간다. Sie fahren **in die** Berge. 그들은 산으로 간다. Sie steigen **auf den** Berg. 그들은 산으로 올라간다.	Er war **am** Meer/**an der** Ostsee /**am** Atlantik. 그는 바닷가/동해안/대서양에 있다. Sie sind **in den** Bergen. 그들은 산 속에 있다. Sie sind **auf dem** Berg. 그들은 산에 있다.
g. 사람	Ich fahre **zu meinem** Vater. 나는 내 아버지한테 간다	Ich bin **bei meinem** Vater. 나는 내 아버지 댁에 있다.

02 · Practice

01 괄호 안에 주어진 화법동사의 올바른 형태를 넣어보세요.

a. Eigentlich (　　)(wollen) ich gestern Abend ins Kino gehen, aber ich (　　)(müssen) lange arbeiten.

b. Im Hotel (　　)(können) wir noch nach Mitternacht etwas zu trinken bekommen.

c. Frau Schmidt (　　)(sollen) schon letzte Woche zum Arzt gehen, aber leider (　　)(können) sie nicht.

d. Früher (　　)(dürfen) man hier in der U-Bahn rauchen.

e. (　　)(müssen) Sie früher in der Schule Latein lernen?

미니사전

eigentlich 정말로, 실제로
nach Mitternacht 자정이 지나서

01

해석

a. 정말로 나는 어제 저녁에 영화를 가고 싶었지만, 나는 오랫동안 일을 해야 했다.
b. 호텔에서 우리는 한밤중이 지나서도 마실 것을 얻을 수 있었다.
c. 슈미트 부인은 이미 지난주에 병원에 가야 했지만, 유감스럽게도 갈 수 없었다.
d. 옛날에는 여기 지하철 안에서는 담배를 피워서는 안 되었다.
e. 옛날에 당신은 학교에서 라틴어를 배워야 했습니까?

정답

a-wollte, musste, b-konnten, c-sollte, konnte, d-durfte, e-Mussten

02 동사+이동(전치사): 어울리는 것끼리 연결해 보세요.

[예] in der Nordsee → schwimmen

a. mit dem Flugzeug	schwimmen
b. auf den Berg	laufen
c. zu Fuß	fliegen
d. mit dem Auto	spazieren gehen
e. im Meer	steigen
f. Ski	gehen
g. im Park	fahren

미니사전

s Flugzeug 비행기, r Berg 산, zu Fuß 걸어서, s Meer 바다, r Ski [ʃi:] 스키(발음에 주의할 것!), laufen 달리다, steigen 올라가다

02

해석

a. 비행기를 타고	수영하다
b. 산으로	달리다
c. 걸어서	(비행기를) 타고 가다
d. 승용차를 타고	산책하다
e. 바다로	올라가다
f. 스키를	가다
g. 공원에서	(차를) 타고 가다

정답

a-mit dem Flugzeug fliegen, b-auf den Berg steigen, c-zu Fuß gehen, d-mit dem Auto fahren, e-im Meer schwimmen, f-Ski fahren, g-im Park spazieren gehen

미니사전

왕래발착이나 장소이동을 나타내는 자동사의 완료조동사는 sein동사임에 주의할 것!
fast jeden Tag 거의 매일
mit der Lufthansa 루프트한자 편으로
r Stadtpark 시립공원

03 〈연습 2〉의 동사를 이용해서 다음 예문들을 현재완료 시제형으로 완성해 보세요.

[예] Familie Grothe ***ist*** mit dem Auto nach Korea ***gefahren***.

a. Er (   ) zu Fuß nach Hause (   ).

b. Petra und Ulrike (   ) jeden Tag vier Stunden im Meer (   ).

c. Frau Müller (   ) fast jeden Tag Ski (   ).

d. Seppl Dreier (   ) auf den Mount Everest (   ).

e. Diesmal (   ) ich mit der Lufthansa nach Korea (   ).

f. Annette (   ) viel mit dem Fahrrad (   ).

g. Er (   ) im Stadtpark spazieren (   ).

03

해석

[예] 그로테 가족은 승용차편으로 한국에 갔다.
a. 그는 걸어서 집으로 갔다.
b. 페트라와 울리케는 매일 4시간 동안 바다에서 수영을 했다.
c. 뮐러 부인은 거의 매일 스키를 탔다.
d. 제플 드라이어는 에베레스트 산을 등정했다.
e. 이번에는 루프트한자를 타고 한국에 갔다.
f. 아네테는 자전거를 많이 탔다.
g. 그는 시립공원에서 산책을 했다.

정답

a-ist…gegangen, b-sind…geschwommen, c-ist…gelaufen/gefahren, d-ist … gestiegen, e-bin … geflogen, f-ist … gefahren, g-ist … gegangen

04 알맞은 전치사를 넣어보세요.

München, am 3. September

Lieber Inga,

na, wie geht's? Dieses Jahr sind wir nicht (①) Indien geflogen und (②) die Berge gefahren. Nein, wir haben Urlaub (③) der Ostsee gemacht, (④) der Insel Rügen. Rügen liegt im Norden, in der ehemaligen DDR.

Das Wetter war gut, wir sind viel geschwommen. Es gibt sogar Berge, und wir sind (⑤) die Berge gestiegen.

Außerdem haben wir einen Ausflug (⑥) Berlin gemacht. Dort war es natürlich auch sehr interessant. So viel hat sich verändert. Wir sind (⑦) Pergamon Museum gegangen und waren auch (⑧) Museum für Deutsche Geschichte.

Wie ist deine neue Wohnung?

Ich hoffe, es geht dir gut.

Bis bald und grüß alle!

Deine Martina

미니사전

die ehemalige DDR 구동독,
einen Ausflug nach Berlin machen 베를린으로 소풍을 가다
sich verändern 바뀌다, 변화하다

04

해석

뮌헨, 9월 3일
사랑하는 잉아,
그래, 어떻게 지내? 금년에는 인도로 가지도 않았고 산으로도 가지 않았다. 아니, 우리는 동해의 뤼겐섬으로 휴가를 갔단다. 뤼겐은 북쪽, 과거의 구동독에 있었지. 날씨는 좋았어. 우리는 수영을 많이 했단다. 게다가 산들도 있어서, 우리는 등산을 했지.
그밖에도 우리는 베를린으로 소풍을 갔다. 그곳도 당연히 아주 재미있었지. 많은 것이 바뀌었다. 우리는 페르가몬 박물관에 갔는데, 독일 역사 박물관에도 갔다.
너의 새 집은 어떠니?
잘 지내기를 바란다.
곧 만날 때까지 안녕!
너의 마르티나로부터

정답

① nach ② in ③ an ④ auf ⑤ auf ⑥ nach ⑦ ins ⑧ im

02 Sprechen

Und wie war dein Urlaub? 그런데 너의 휴가는 어땠니?

미니사전

einzig (여기서는) 완전히 (= complete, absolute)
r Katastroph 파국
schneien 눈이 오다
e Piste 스키활주로
ausprobieren 시험하다 (= to try out)
überhaupt nicht 전혀 …아니다(= 'not at all')
gegen + A (= 'against')
ärgerlich 화난 (= 'annoying')
r Baum 나무
r Hang 슬로프(= 'slope')
gegen einen Baum fahren 나무와 부딪치다
wie schrecklich! 끔찍하네
r Bein 다리
weh tun 아프다

Peter Hallo Susanne. Na, wie war dein Skiurlaub?
안녕 수잔네. 그래 스키휴가는 어땠니?

Susanne Ach, Peter. Eine einzige Katastrophe. 아, 페터. 말도 마.(정말 파국이었어)

Peter Wieso, was ist denn passiert? 왜 그러니, 무슨 일이 있었는데?

Susanne Ach, die ersten Tage hatten wir viel zu wenig Schnee. Wir konnten also überhaupt nicht Ski fahren.
아, 첫 번째 며칠 동안은 눈이 너무 없었다. 그래서 스키를 탈 수 없었어.

Peter Oh, das ist ja ärgerlich. Und dann? 오, 거참 화날 만하네. 그리고는?

Susanne Dann hat es so viel geschneit, dann durften wir zwei Tage nicht auf die Piste. Der Schnee war zu hoch.
그 다음에는 눈이 많이 왔지, 그런데 이틀 동안 스키활주로에 갈 수 없었다. 눈이 너무 많이 왔기 때문이지.

Peter Und dann? 그리고는?

Susanne Dann konnten wir fahren, es war ideales Wetter. Aber Weißt du, was mir passiert ist? Ich wollte einen neuen Hang ausprobieren, aber er war zu schnell für mich. Tja, und dann bin ich gegen einen Baum gefahren.
그 다음에는 스키를 탈 수 있었지. 이상적인 날씨였어. 그런데 나에게 무슨 일이 일어났는지 알아? 나는 새로운 슬로프를 시험하고 싶었다. 그러나 그게 나에게는 너무 빠른 곳이었어. 달리다가 나무와 부딪혔지 뭐야.

Peter Gegen einen Baum? Wie schrecklich. Und musstest du ins Krankenhaus?
나무하고 부딪혔다고? 끔찍하네. 그래서 병원에 가야 했니?

Susanne Ja. Meine Beine haben mir wehgetan, aber es war nichts Schlimmes. Ich musste nur drei Tage im Krankenhaus bleiben. Aber Ski fahren durfte ich dann nicht mehr. Ich konnte nur noch spazieren gehen.
그래. 내 다리가 아프기는 했지만, 불상사는 없었어. 3일 동안 병원에 입원해야 했지. 그러나 더 이상 스키를 타면 안 되었어. 산책만 할 수 있었다.

Peter Das tut mir leid. 안됐다.

Richtig oder falsch?

a. Ihr Urlaub war wunderbar.

b. Die ersten Tage konnte sie nicht Ski fahren.

c. Dann hat es sehr viel geschneit.

d. Sie ist gegen einen anderen Skifahrer gefahren.

e. Sie musste eine Woche im Krankenhaus bleiben.

f. Jetzt geht es ihr wieder besser.

해석

a. 그녀의 휴가는 정말 좋았다.
b. 첫 번째 며칠 동안 그녀는 스키를 탈 수 없었다.
c. 그 다음에는 눈이 아주 많이 왔다.
d. 그녀는 다른 스키 타는 사람과 부딪혔다.
e. 그녀는 일주일 동안 병원에 입원해야 했다.
f. 이제는 다시 좋아졌다.

정답

Richtig: b, c, f, falsch: a, d, e

언어 정보 **단순과거형**

- war/waren은 동사 sein의 단순과거형입니다.
  Das Wetter war eine Katastrophe. 날씨는 파국(엉망)이었다.
  Der Schnee war gut. 눈은 좋았다.
  Dieses Jahr waren wir in Innsbruck. 금년에는 인스브루크에 있었다.

- hatte/hatten은 동사 haben의 단순과거형입니다.
  Ich hatte kein Geld. 나는 돈이 없었다.
  Wir hatten meistens Regen. 대개는 비가 왔다.

- 화법동사는 단순과거형으로 과거의 사실을 표현하기도 합니다.
  Ich konnte einfach nicht wegfahren. 나는 정말이지 떠날 수가 없었다.
  Man konnte auch richtiges deutsches Bier kaufen. 사람들은 진짜 독일 맥주도 살 수 있었다.
  Ich musste nur drei Tage im Krankenhaus bleiben. 나는 3일 동안만 병원에 입원해 있었다.
  Er musste nach Köln fahren. 그는 쾰른으로 가야 했다.
  Ich durfte dann nicht mehr Ski fahren. 그런 다음 나는 더 이상 스키를 타면 안 되었다.

03 · Lesen

Wo waren Sie dieses Jahr im Urlaub?

금년 휴가는 어디를 다녀왔습니까?

Wolfgang Schmidt, 47 볼프강 슈미트, 47세

Ich bin auf Mallorca gewesen, ein richtiger Strandurlaub. Ich habe tagsüber lange in der Sonne gelegen und bin ein bisschen geschwommen. Abends habe ich gut gegessen und bin manchmal in die Hotel-Bar gegangen. Man konnte auch richtiges deutsches Bier kaufen. Wie zu Hause. Das hat mir gut gefallen. Nächstes Jahr möchte ich wiederkommen.

나는 마요르카에 있었는데, 진짜 해변휴가였다. 나는 종일 햇빛 속에 누워있었고, 수영도 약간 했다. 저녁에 나는 잘 먹었고, 호텔 바에 몇 번 가기도 했다. 우리는 진짜 독일 맥주도 살 수 있었다. 집에서처럼. 그게 내 마음에 쏙 들었다. 내년에 다시 가고 싶다.

미니사전

r Strandurlaub 해변휴가
liegen 누워 있다('gelegen'은 과거분사형)
tagsüber lange 하루 종일
in der Sonne liegen 햇빛 속에 누워 있다
ein bisschen 약간, 좀
manchmal 때때로
gefallen jm. …의 마음에 들다

Sieglinde Bosch, 42 und **Renate Bosch**, 47 지크린데 보쉬, 42세와 레나테 보쉬, 47세

Im Winter machen meine Schwester und ich jedes Jahr einen Skiurlaub und fahren in die Berge. Dieses Jahr waren wir in Innsbruck, in Österreich, fantastisch. Der Schnee war gut, die Pisten ausgezeichnet. Wir sind jeden Tag mehrere Stunden Ski gefahren. Nach dem Urlaub haben wir uns total erholt gefühlt. Nächstes Jahr wollen wir vielleicht mal in die Schweiz fahren.

겨울에 내 여동생과 나는 매년 스키휴가를 가는데, 산으로 간다. 금년에는 오스트리아의 인스브루크에 있었는데, 환상적이었다. 눈은 좋았고, 스키 활주로는 최고였다. 우리는 매일 몇 시간 동안 스키를 탔다. 휴가 후에 우리는 기분이 최고였다. 내년에는 아마도 스위스로 한 번 가고 싶다.

미니사전

im Winter 겨울에
einen Skiurlaub machen 스키휴가를 가다,
r Ski [ʃi] 스키, in die Berge fahren 산으로 차를 타고 가다,
r Schnee 눈,
e Piste 슬로프,
ausgezeichnet 탁월한, 우수한,
jeden Tag 매일,
mehrere Stunden 여러 시간동안,
Ski laufen 스키를 타다,
nächstes Jahr 내년에는

Gerlinde Wagner, 64 und **Hans-Jürgen Wagner**, 67

게를린데 바그너, 64세와 한스 위르겐 바그너, 67세

Dieses Jahr sind mein Mann und ich an die Ostsee gefahren, nach Travemünde. Das Wetter war eine Katastrophe. Wir hatten meistens Regen. Außerdem war es sehr kalt und wir konnten nur selten schwimmen gehen. Und teuer war es auch. Nein, nie wieder an die Ostsee. Nächstes Jahr fliegen wir lieber in den Süden, nach Spanien oder Griechenland.

금년에는 내 남편과 나는 동해의 트라베뮌데로 갔다. 날씨는 엉망이었다. 대부분 비가 왔다. 또한 아주 추워서 거의 수영하러 갈 수 없었다. 물가도 비쌌다. 아니야. 두 번 다시는 동해에 가지 않을 거야. 내년에는 차라리 남쪽, 스페인이나 그리스로 갈 거야.

미니사전

e Ostsee 발트 해
Travemünde 트라베뮌데(독일의 뤼벡 시 해변에 위치한 휴양지)
wiederkommen 다시 오다 돌아오다

Peter Kemper, 25 페터 켐퍼, 25세

Nein, dieses Jahr habe ich keinen Urlaub gemacht. Ich habe gerade mein Studium beendet und suche jetzt einen Job. Das ist nicht einfach im Moment. Ich hoffe, nächstes Jahr habe ich mehr Geld. Dann würde ich gern nach New York fliegen. Das ist mein Traum. Ich liebe große Städte. Am liebsten mache ich Städtereisen. Vor zwei Jahren bin ich nach Mexiko-City geflogen.

아니, 금년에는 휴가를 가지 않았다. 나는 학업을 막 끝냈고, 지금은 일자리를 찾고 있다. 그게 지금은 쉽지가 않다. 내년에는 돈이 더 많으면 좋겠다. 그러면 뉴욕으로 갈 거다. 그게 내 꿈이다. 나는 대도시를 좋아한다. 내가 가장 좋아하는 것은 도시여행이다. 2년 전에 나는 멕시코시티에 갔다.

미니사전

keinen Urlaub machen 휴가를 가지 않다
mein Studium beenden 내 학업을 끝내다
r Traum 꿈
am liebsten 'gern'의 최상급
e Städtereise 도시여행
vor zwei Jahren 2년전에
geflogen 'fliegen (비행기를) 타고가다'의 과거분사형

질문에 대답해 보세요.

a. Was hat Wolfgang Schmidt abends gemacht?
b. Konnte er nur spanisches Bier kaufen?
c. Wie oft machen Sieglinde und Renate Bosch einen Skiurlaub?
d. Wohin wollen sie nächstes Jahr im Urlaub fahren?
e. Wie war das Wetter für Gerlinde und Hans-Jürgen Wagner in Travemünde?
f. Wollen sie nächstes Jahr wieder nach Travemünde fahren?
g. Hat Peter Kemper nach seinem Studium schon einen Job gefunden?
h. Was hat er vor zwei Jahren gemacht?

해석

a. 볼프강 슈미트는 저녁에 무엇을 했는가?
b. 그는 스페인산 맥주만 살 수 있었나?
c. 지크린데와 레나테 보쉬는 스키휴가를 얼마나 자주 가는가?
d. 그들은 내년에는 어디로 휴가를 가고 싶어 하는가?
e. 게를린데와 한스 위르겐 바그너의 경우 트라베뮌데에서의 날씨는 어떠했는가?
f. 그들은 내년에 다시 트라베뮌데로 가고 싶어 하는가?
g. 페터 켐퍼는 학업을 마치고 일자리를 찾았는가?
h. 그는 2년 전에는 무엇을 했는가?

정답

a- Er hat abends gut gegessen und ist manchmal in die Hotel-Bar gegangen. b- Nein, er konnte auch richtiges deutsches Bier kaufen. c- Sie machen jedes Jahr im Winter einen Skiurlaub. d- Nächstes Jahr wollen sie vielleicht in die Schweiz fahren. e- Das Wetter war für sie eine Katastrophe. f- Nein, nächstes Jahr fliegen sie lieber in den Süden, nach Spanien oder Griechenland. g- Nein, er sucht einen Job. h- Vor zwei Jahren ist er nach Mexiko-City geflogen.

언어 상식 **날씨표현**

1. Die Sonne 태양

   Heute scheint die Sonne. 오늘은 햇빛이 빛난다.

   Gestern hat die Sonne geschienen. 어제는 햇빛이 빛났다.

2. Der Regen 비

   Im Moment regnet es. 현재 비가 오고 있다.

   Letzten Herbst hat es viel geregnet. 작년 가을에는 비가 많이 왔다.

3. Der Schnee 눈

   Jetzt schneit es. 지금 눈이 오고 있다.

   Im Winter hat es viel geschneit. 겨울에는 눈이 많이 왔다.

4. Der Wind 바람

   Es ist heute windig. 오늘은 바람이 분다.

   Im Herbst war es windig. 가을에는 바람이 불었다.

5. Der Nebel 안개

   Es ist morgens oft neblig. 아침에 안개가 자주 낀다.

   In London war es früher sehr neblig. 런던에는 옛날에 안개가 아주 많았다.

6. Die Temperatur 기온

   Hier beträgt die Temperatur 24 Grad. 이곳은 온도가 24도에 달한다.

   Die Temperatur hat 10 Grad betragen. 온도가 10도에 달했다.

제21장

01 · Grammatik

1. 2격 명사구

2격 명사구는 다음과 같은 특징들이 있습니다.

- 소유 또는 소유자임을 표현할 때 사용: das Büro ***des Managers***
- 2격 지배 전치사 뒤에 사용: ***wegen*** des Wetters
- 부정관사의 2격(Genitiv) 형태: 남성과 중성 → **(e)s**, 여성 → **er**
- 소유관사(**mein, dein, sein, Ihr,** …)도 부정관사와 같은 격 어미 변화를 합니다.

남성	**eines** **meines**	Was ist die Rolle eines Mannes in der heutigen Welt? 오늘날의 세계에서 남자의 역할은 무엇인가? Das ist das Haus meines Lehrers. 저것은 내 선생님 댁이다.
여성	**einer** **meiner**	Herr Breitling ist Manager einer Firma in München. 브라이틀링 씨는 뮌헨에 있는 한 회사의 매니저이다. Das ist der Computer meiner Kollegin. 저것은 내 여자동료의 컴퓨터이다.
중성	**eines** **meines**	Das Leben eines Kindes kann oft schwierig sein. 어린아이의 생활은 자주 어려울 수 있다. Die Nebenkosten meines Zimmers sind sehr günstig. 내 방의 부대비용은 아주 저렴하다.
복수	**---** **meiner**	Darf ich die Mutter meiner Kinder vorstellen? 내 아이들의 어머니들을 소개해도 되겠습니까?

2. 2격 명사구에서 형용사의 어미

- 성에 상관없이 항상 **-en**

남성: Die Mutter meines neu***en*** Freundes 나의 새 남친의 어머니

여성: Der Vater seiner neu***en*** Freundin 그의 새 여친의 아버지

중성: Das Büro unserer neu***en*** Kollegen 우리 새 동료의 사무실

3. 2격 지배 전치사

Angesichts sein***er*** schlecht***en*** Gesundheit 그의 나쁜 건강을 고려하여

Bezüglich Ihr***es*** letzt***en*** Brief***es*** 당신의 최근 편지와 관련해서

Inklusive all***er*** Nebenkosten 모든 부대비용을 포함하여

Innerhalb unser***es*** klein***en*** Zimmer***s*** 우리의 작은 방 안에서

Während ihr***es*** lang***en*** Leben***s*** 그녀의 오랜 인생 동안

〈참고〉 그 밖의 2격 지배 전치사들

angesichts	in view of
(an)statt	instead of
ausschließlich/exklusiv	exclusive of
außerhalb	outside of
beiderseits	on both sides of
bezüglich	concerning, with regard to
diesseits	on this side of
einschließlich/inklusive	inclusive of
innerhalb	inside of
jenseits	on the other side of
laut	according to
trotz (3격 지배로도 사용됨)	in spite of
während	during

02 · Practice

01

쿤츠 씨(Herr Kunz)는 나리 씨(Frau Nari)와 대화를 하고 싶어 한다. 쿤츠 씨는 무슨 말을 할까? 연결하여 대화를 완성하세요.

Frau Nari	Herr Kunz
a. Firma Müllermann. Guten Tag! b. Es tut mir leid, Frau Nari ist gerade in einem Meeting. c. Das ist schwer zu sagen. Möchten Sie eine Nachricht hinterlassen? d. Natürlich. Was soll ich ihr ausrichten? e. Gut. Hat sie Ihre Nummer? f. Das ist vielleicht eine gute Idee. g. Und wie lange sind Sie heute im Büro? h. Ich richte es ihr aus, Herr Kunz. Vielen Dank und auf Wiederhören.	1. Guten Tag, Kunz. Ich möchte gern mit Frau Nari sprechen. 2. Wenn das möglich ist, gerne. 3. Können Sie ihr sagen, sie möchte mich bitte zurückrufen? 4. Auf Wiederhören. 5. Herr Kunz, Firma Bötticher, Anschluss 212. 6. Wie lange geht das Meeting denn? 7. Ich bin bis 16:00 Uhr an meinem Schreibtisch. 8. Ich denke schon, aber ich kann sie Ihnen noch mal geben.

미니사전

eine Nachricht hinterlassen 메시지를 남기다
ausrichten …을 전하다

01

해석

여비서	쿤츠 씨
a. 뮐러만 회사입니다. 안녕하세요! b. 미안합니다. 나리 씨는 방금 미팅에 들어갔습니다. c. 그건 말씀드리기 어렵네요. 메시지를 남기시겠습니까? d. 물론이죠. 뭘 전해드릴까요? e. 좋습니다. 그녀가 당신의 번호를 알고 있습니까? f. 그게 좋겠네요. g. 그런데 오늘 몇 시까지 사무실에 계세요? h. 그걸 (그녀에게) 전해드리겠습니다. 쿤츠 씨. 감사합니다. 안녕히 계세요.	1. 안녕하세요, 쿤츠입니다. 나리 씨와 통화하고 싶습니다. 2. 가능하면 그렇게 하죠. 3. 저에게 전화 좀 해달라고 전해주시겠습니까? 4. 안녕히 계세요. 5. 쿤츠 씨, 뵈티혀 회사, 212번 연결입니다 6. 미팅은 얼마 동안 하죠? 7. 16시까지 내 사무실에 있습니다. 8. 그럴 겁니다. 하지만 그걸 다시 한 번 알려드리죠.

정답

a-1, b-6, c-2, d-3, e-8, f-5, g-7, h-4

02 2격 명사구를 이용하여 달리 표현하세요.

[예] Die Schwester von meinem neuen Freund ist sehr arrogant.

→ Die Schwester meines neuen Freundes ist sehr arrogant.

a. Der Computer von meiner Kollegin ist fantastisch.

b. Das Auto von meinem Bruder fährt sehr schnell.

c. Die Firma von meinem alten Schulfreund war letztes Jahr sehr erfolgreich.

d. Die Kollegen von meinem Mann sind alle schrecklich langweilig.

e. Die Managerin von der bekannten Boutique 'La dame' kommt aus Krefeld.

f. Das Büro von unserem neuen Designer ist sehr chic.

g. Der Laptop von meinem Sohn hat auch einen Internet-Anschluss.

h. Die Ehepartner von meinen Kollegen sind alle furchtbar nett.

미니사전

arrogant 건방진, 불손한
e Kollegin 여자동료
r Schulfreund 학우, 동창
letztes Jahr 작년에
erfolgreich 성공한
bekannt 유명한, 알려진
schrecklich 지독한, 극심한, 엄청난
langweilig 지루한
e Managerin 여성 매니저
e Boutique 부티크, 양장점
chic 멋진, 세련된, 스마트한

02

해석

[예] 나의 새 남자친구의 누이동생은 아주 건방지다.
a. 내 여자동료의 컴퓨터는 환상적이다.
b. 내 남동생의 자동차는 아주 빨리 달린다.
c. 나의 옛 동창생의 회사는 지난해에 아주 성공적이었다.
d. 내 남편의 동료들은 모두 엄청 진저리난다.
e. 정선된 부티크 '라 담'의 여성 매니저는 크레펠트 출신이다.
f. 우리 새 디자이너의 사무실은 아주 멋지다.
g. 내 아들의 노트북 컴퓨터는 인터넷 접속도 한다.
h. 내 동료들의 결혼파트너들은 모두 정말 친절하다.

정답

a. Der Computer meiner Kollegin ist fantastisch. b. Das Auto meines Bruders fährt sehr schnell. c. Die Firma meines alten Schulfreundes war letztes Jahr sehr erfolgreich. d. Die Kollegen meines Mannes sind alle schrecklich langweilig. e. Die Managerin der bekannten Boutique 'La dame' kommt aus Krefeld. f. Das Büro unseres neuen Designers ist sehr chic. g. Der Laptop meines Sohns hat auch einen Internet-Anschluss. h. Die Ehepartner meiner Kollegen sind alle furchtbar nett.

발음 정보 a

- 독일어에서 철자 a는 장음 또는 단음으로 발음됩니다. 아래의 단어들은 어떻게 발음되는지 주의하여 읽어봅시다.

an	machen	was	Dank	man
nach	Name	war	haben	sagen
Nase	Hand	das	Grad	Tante

언어 정보 Herr의 어미변화

Das ist Herr Schmidt. (1격) 이분은 슈미트 씨이다.
Kennen Sie Herrn Schmidt schon? (4격) 슈미트 씨를 알고 계십니까?
Ich möchte mit Herrn Schmidt sprechen. (3격) 슈미트 씨와 대화하고 싶습니다.

⇨ der Mensch, der Name, der Student의 어미변화에도 조심할 것!

Bitte sagen Sie ihren Namen. (4격) 성명을 말해주세요.
Können Sie diesem Studenten helfen? (3격) 이 대학생을 도와주시겠어요?

02 · Sprechen

Wollen Sie eine Nachricht hinterlasseu?

메시지를 남기시겠습니까?

미니사전

e Geschäftsreise 상용여행 업무여행
eine Nachricht hinterlassen 메시지를 남기다

Corinna Hallo Peterle, bist du's? 안녕, 페테를레, 너니?

Herr Schulz Ach, meinen Sie Herrn Fink? Der ist im Moment nicht da, der ist auf Geschäftsreise.
예, 핑크 씨를 말하는 건가요? 그 분은 지금 없습니다. 업무여행 중입니다.

Corinna Oh, äh, das wusste ich gar nicht. 아, 예. 몰랐습니다.

Herr Schulz Ja, er musste für drei Tage nach Wien.
그래요. 그 분은 3일 예정으로 빈으로 가야 했습니다.

Corinna Wann kommt er denn wieder? 언제 다시 돌아오는 가요?

Herr Schulz Wahrscheinlich morgen. Wollen Sie vielleicht eine Nachricht hinterlassen? 아마 내일 돌아오실 겁니다. 메시지를 남기시겠습니까?

Corinna Wenn das geht, ja, gerne. 괜찮다면 그렇게 하겠습니다

Herr Schulz Natürlich. Kein Problem. 물론, 괜찮아요

Corinna Können Sie ihm sagen, Corinna hat angerufen und er soll mich morgen zurückrufen. Ich habe ein fantastisches Geschenk für ihn.
코리나가 전화했는데, 나에게 내일 다시 전화해 달라고 전해주세요. 저에게 그분에게 드릴 멋진 선물이 있어요

Herr Schulz Gut. Das sage ich ihm. 좋습니다. 그 말씀을 그분에게 전해드리지요

Corinna Vielen Dank. Auf Wiederhören. 감사합니다. 안녕히 계세요.

Herr Schulz Auf Wiederhören. 안녕히 계세요.

03 · Lesen

Anrufbeantworter 자동응답기

Guten Tag. Hier ist der telefonische Anrufbeantworter von Everlyn und Michael Schweighofer. Wir sind im Moment leider nicht da. Sie Können uns aber gerne nach dem Pfeif-Ton eine Nachricht hinterlassen. Bitte sagen Sie uns Ihren Namen und Ihre Telefonnummer und wir rufen Sie dann so schnell wie möglich zurück.

안녕하세요. 여기는 에벌린과 미하엘 슈바이크호퍼의 자동응답기입니다. 우리는 현재 유감스럽게도 부재중입니다. 삐 소리가 난 후 우리에게 메시지를 남길 수 있습니다. 당신 성함과 전화번호를 말씀해 주시면 되도록 빨리 다시 전화를 드리겠습니다.

미니사전

r **Anrufbeantworter** 자동응답기
r **Pfeif-Ton** 휘파람 소리
so schnell wie möglich 되도록 빨리
zurückrufen 다시 전화하다

제22장

01 · Grammatik

1. 수사(기수)

- 숫자를 독일어로 빨리 말하면 알아듣기 어려울 수 있습니다. 그러므로 자주 읽고 말하는 연습을 할 필요가 있습니다.
- 숫자 **21, 99**는 영어와는 달리 '뒤에서 앞으로'의 순서에 따라 읽습니다.
  21 einundzwanzig　　37 siebenunddreißig
  98 achtundneunzig
- 숫자 **101, 120**은 **und**가 없습니다.
  101 hunderteins　　111 hundertelf
  120 hundertzwanzig
- 숫자 100만까지의 모든 숫자는 한 단어처럼 붙여 씁니다.
  2843 zweitausendachthundertdreiundvierzig
  10962 zehntausendneunhundertzweiundsechzig
- 100만 이후의 숫자는 다음처럼 씁니다.
  4800543 ⇨
  vier Millionen achthunderttausendfünfhundertdreiundvierzig
  81,5 Million ⇨ einundachtzig komma fünf Millionen.

2. 단순 과거 시제

- 약변화 동사 과거형: 동사어간 + (e)te ⇨ **spiel** + **te**
- 강변화 동사 과거형: gehen ⇨ **ging**

	약변화동사		강변화동사	
ich **du** **er**	spielte spieltest spielte	**-te** **-test** **-te**	ging gingst ging	- **-(e)st** -
wir **ihr** **sie** **Sie**	spielten spieltet spielten spielten	**-ten** **-tet** **-ten** **-ten**	gingen gingt gingen gingen	**-en** **.(e)t** **-en** **-en**

주의 과거형의 인칭변화에서 주의할 것!

- **약변화:** 동사어간이 **-d, -t, -gn**으로 끝나면, 어미 앞에 **-e-**를 추가합니다.
  antworten → ich antwortete, reden → ich redete
  begegnen → ich begegnete

- **강변화:** 과거 기본형이 **-t**나 **-d**로 끝나면 **du**와 **ihr**에서 **-e-**가 추가된 **-et**의 어미를 취합니다.
  raten → ich riet, du rietest, ihr rietet
  finden → ich fand, du fandest, ihr fandet

- **용법:**
- 단순과거 시제는 구어보다 문어에서 주로 사용됩니다.
- 일반적으로, 서사적 픽션(예, 그림 동화)과 넌픽션 그리고 뉴스 리포트에서 주로 사용합니다.

02 · Practice

01 빈칸에 알맞은 과거형을 넣어 이야기를 완성하세요.

보기

War, dachte, trank, sah, sagte, wartete, stand, kam, ging, schlug, waren, fuhr

미니사전

r MitSchüler 학우, 동창생, 동문

An diesem vielleicht wichtigsten Dienstag in seinem Leben (a)_____ Thomas (15) wie immer um 6.45 auf, (b)_____ schnell einen Cappuccino, (c)______ zu seiner Mutter 'Tschüs, Mutti' und (d)______ mit der U-Bahn zum Kurfürstendamm. Er (e)______ nämlich dort Schüler auf dem Gymnasium. An diesem Dienstag (f)_____ er aber nicht in die Schule, sondern in die Kant Straße, wo er vor dem 'Theater des Westens' auf Julia (g)______. Er (h)_____ an seine MitSchüler und Lehrer, die jetzt in der Schule (i)_____. Dann (j)_____ er sie um die Ecke kommen. Ihm (k)_____ das Herz bis zum Hals. Sie (l)_____ also doch.

01

해석

아마도 가장 중요한 이번 주 화요일에 토마스는 일상적으로 언제나 그러하듯이, 6시 45분에 일어나서, 빨리 카푸치노 한 잔을 마시고는, 어머니에게 '안녕, 엄마'라고 말하고는, 지하철을 타고 쿠르퓌어스텐담으로 갔다. 그는 말하자면 그곳 김나지움의 학생이었다. 이번 주 화요일에 그는 그러나 학교에 가지 않고 칸트로로 갔는데, 그곳 '서부극장' 앞에서 그는 율리아를 기다렸다. 그는 지금 학교에 있는 자기 학우들과 선생님들을 떠올렸다. 그리고는 그는 그녀가 모퉁이를 돌아서 오고 있는 것을 보았다. 그의 심장이 벌렁거렸다. 그녀가 정말 왔잖아.

정답

(a) stand (b) trank (c) sagte (d) fuhr (e) war (f) ging (g) wartete (h) dachte (i) waren (j) sah (k) schlug (l) kam

02 Frau Schulte schreibt ihren Lebenslauf. 보기의 과거형을 빈칸에 올바로 넣어 이력서를 완성하세요.

보기

arbeitete, ging, machte, studierte, wechselte, reiste, machte, zog, machte

Ich bin am 1. Juni in Bremen geboren. Von 1974 bis 1978 (①) ich in die Grundschule in Bremen. Danach (②) ich auf das Heinrich-Heine Gymnasium. 1987 (③) ich mein Abitur. Nach der Schule (④) ich durch Asien.
Von 1988 bis 1989 (⑤) ich ein Praktikum bei der Hamburger Zeitung. Anschließend (⑥) ich Journalistik an der Universität Hamburg und 1994 (⑦) ich meinen Abschluss.
Nach dem Studium (⑧) ich von 1994 bis 1998 bei *der Tageszeitung* in Berlin.
1998 (⑨) ich wieder nach Hamburg und ich arbeite seitdem beim Nachrichtenmagazin *Der Spiegel*.

미니사전

auf das Gymnasium gehen 김나지움을 다니다
Abschluss machen 졸업하다

02

해석

나는 6월 1일 브레멘에서 출생했다. 1974년부터 1978년까지 브레멘에서 초등학교를 다녔다. 그 후 하인리히 하이네 김나지움으로 진학했다. 1987년 아비투어를 받았다. 졸업 후 아시아를 두루 여행했다.
1988년부터 1989년까지 함부르거 차이퉁 신문사에서 실습을 했다.
이어서 함부르크 대학교에서 언론학을 전공하고, 1994년에 졸업했다.
학업을 마치고 1994년부터 1998년까지 베를린의 타게스차이퉁 신문사에서 근무했다.
1998년에 나는 다시 함부르크로 와서 그때부터 시사잡지 '데어 슈피겔' 잡지사에서 근무하고 있다.

정답

① ging ② wechselte ③ machte ④ reiste ⑤ machte ⑥ studierte ⑦ machte ⑧ arbeitete ⑨ zog

03 Lebenslauf I: Peter Frankenstein.

Lebenslauf

Name:	Peter Frankenstein
geboren:	29.07.1960 in Frankfurt/Main
Nationalität:	deutsch
Familienstand:	verheiratet, 2 Kinder
Wohnort:	Mainz

Werdegang

1966 - 1970	Grundschule in Frankfurt
1970 - 1976	Schiller-Schule in Offenbach Abschluss: Realschulabschluss
1976 - 1979	Bank-Lehre bei der Dresdner Bank in Offenbach
1979 - 1983	Bankkaufmann bei der Dresdner Bank in Offenbach
1983 - 1992	Bankkaufmann bei der Commerzbank, Frankfurt/M. Besuch von Sprachkursen in Englisch und Französisch
seit 1992	Filialleiter Commerzbank in Mainz-Süd

Besondere Kenntnisse

Englisch und Französisch fließend

Sehr gute Computerkenntnisse

Richtig oder falsach? 틀린 표현은 올바로 수정하시오.

(a) Herr Frankenstein ist ledig.

(b) Er ist in Frankfurt geboren.

(c) In Frankfurt hat er auch seinen Realschulabschluss gemacht.

(d) Nach der Schule hat er gleich eine Lehre gemacht.

(e) Seinen ersten Job hatte er bei der Commerzbank.

(f) Von 1983 bis 1992 hat er wieder in Frankfurt gearbeitet.

(g) Seit 1992 ist er Filialleiter.

해석

이력서 I: 페터 프랑켄슈타인.

이력서

성명: 페터 프랑켄슈타인
생일: 1960년 7월 29일. 프랑크푸르트 암 마인 출생
국적: 독일
가족사항: 기혼, 2명의 아이가 있음
거주지: 마인츠

학력

1966 - 1970 프랑크푸르트에서 초등학교
1970 - 1976 오펜바흐에서 실러 학교. 졸업: 레알슐레 졸업
1976 - 1979 오펜바흐 소재 드레스드너 방크에서 은행 견습
1979 - 1983 오펜바흐 소재 드레스너 방크에서 은행원
1983 - 1992 프랑크푸르트 소재 코머츠방크에서 은행원
영어와 프랑스어 어학코스 수강
seit 1992 마인츠 남부 소재 코머츠방크 지점장

특기

영어와 프랑스어 유창함
상급 컴퓨터지식

03

해석

(a) 프랑켄슈타인 씨는 독신이다.
(b) 그는 프랑크푸르트에서 출생했다.
(c) 프랑크푸르트에서 그는 레알슐레도 졸업했다.
(d) 졸업 후 그는 곧장 견습생활을 했다.
(e) 그의 첫 번째 직업을 그는 코머츠방크에서 가졌다.
(f) 1983년부터 1992년까지 그는 다시 프랑크푸르트에서 근무했다.
(g) 1992년부터 그는 지점장이다.

정답

Richtig: b, d, f. g, falsch: (a) Herr Frankenstein ist verheiratet. (c) Er hat in Offenbach seinen Realschulabschluss gemacht. (e) Seinen ersten Job hatte er bei der Dresdner Bank.

Richtig: b, d, f. g, falsch: (a) Herr Frankenstein ist verheiratet. (c) Er hat in Offenbach seinen Realschulabschluss gemacht. (e) Seinen ersten Job hatte er bei der Dresdner Bank.

02 · Sprechen

Lebenslauf

Mein Name ist Claudia Schulte und im Moment lebe und arbeite ich in Hamburg. Geboren bin ich aber 1968 in Bremen, wo ich dann auch zur Schule gegangen bin und zwar zunächst von 1974 bis 1978 auf die Grundschule und danach aufs Heinrich-Heine Gymnasium. Nach dem Abitur 1987 war ich dann nicht so sicher, was ich eigentlich machen sollte und habe dann ein bisschen gejobbt, um genug Geld zu haben und bin dann für ein Jahr durch Asien gereist. Das war eine wichtige Erfahrung für mich.

저의 이름은 클라우디아 슐테이고, 현재 함부르크에서 살며 일하고 있습니다. 그러나 태어난 곳은 1968년 브레멘입니다. 그곳에서 학교에 다녔는데, 먼저 1974년부터 1978년까지 초등학교에, 그 다음에 하인리히 하이네 김나지움에 다녔습니다. 1987년 아비투어를 마친 후 저는 무엇을 해야 할 지 확실하지 않아서, 돈을 벌기 위해 잠시 직업생활을 했고, 그런 다음에 1년 동안 아시아로 여행을 갔습니다. 그것은 나에게 중요한 경험이었습니다.

Als ich dann nach Deutschland zurückgekommen bin, habe ich mit etwas Glück eine Praktikumsstelle bei der Hamburger Zeitung gefunden und dort für zwei Jahre, von 1988 bis 1989 als Praktikantin gearbeitet.

제가 다시 독일로 돌아왔을 때 운이 좋게 함부르거 차이퉁 신문사에서 실습자리를 찾아서, 그곳에서 1988년부터 1989년까지 2년 동안 실습생으로서 근무했습니다.

Nach den zwei Jahren Praxis habe ich dann ein Studium an der Universität Hamburg angefangen und von 1989 bis 1994 studiert, nebenbei natürlich für verschiedene Zeitungen geschrieben.

2년간의 실습 후 저는 함부르크 대학교에서 학업을 시작해서, 1989년부터 1994년까지 대학을 다녔습니다. 더불어 여러 신문사에 글을 썼습니다.

Nach dem Studium habe ich gleich eine Stelle bei der Tageszeitung in Berlin gefunden und dort vier Jahre - von 1994 bis 1998 - gearbeitet.

학업을 마친 후 저는 곧장 베를린에 있는 타게스차이퉁 신문사에서 일자리를 찾았는데, 그곳에서 4년 동안 – 1994년부터 1998년까지 근무했습니다.

Seit 1998 arbeite ich beim Spiegel, wieder in Hamburg - das ist natürlich ein Traum für jeden Journalisten.

1998년부터 저는 다시 함부르크에 있는 슈피겔 잡지사에서 근무하고 있습니다. 이것은 물론 모든 기자들의 꿈입니다.

미니사전

im Moment 지금은, 현재는
zur Schule gehen 학교를 다니다,
aufs Gymnasium gehen 김나지움을 다니다
um … zu + 부정사 …을 하기 위하여(um genug Geld zu haben 충분한 돈을 벌기 위하여),
e Erfahrung 경험
mit etwas Glück 운 좋게
jobben 부업(아르바이트)을 하다,
e Praktikumsstelle 실습장소,
e Praktikantin 실습생(여자),
nach den zwei Jahren Praxis 2년간 실습 후,
ein Studium anfangen 학업을 시작하다,
beim Spiegel arbeiten 슈피겔(시사잡지) 잡지사에서 근무하다
r Journalist 기자

03· Lesen

Wer bewirbt sich um welche Stelle?

누가 어떤 일자리에 응모하고 있을까?

(a) **Bernd Schulte**, 63, ist noch sehr fit. Er möchte einen Teilzeit-Job haben und vielleicht nachts arbeiten.

베른트 슐테 - 63세 - 씨는 아직 아주 건강하다. 그는 파트타임 일자리를 가지고 싶고, 가능하면 밤에 일을 하고 싶어 한다.

(b) **Bettina Hartmann**, 24, ist Studentin und muss nebenbei Geld verdienen. Sie spricht sehr gut Englisch und hat schon in verschiedenen Büros gearbeitet.

베티나 하르트만 - 24세 - 는 여대생인데, 부업으로 돈을 벌어야 한다. 그녀는 영어를 아주 잘 하는데, 이미 여러 사무실에서 근무했다.

(c) **Martina Wustermann**, 35, hat jahrelang bei Lokal-Zeitungen als Redakteurin gearbeitet. Sie spricht mehrere Fremdsprachen (Englisch, Französisch, Spanisch) und möchte jetzt im Ausland arbeiten.

마르티나 부스터만 - 35세 - 은 몇 년 동안 지방 신문사에서 편집위원으로 근무했다. 그녀는 몇 개의 외국어(영어, 프랑스어, 스페인어)를 구사하며, 이제 외국에서 근무하고 싶어 한다.

(d) **Jochen Kinsky**, 25, hat gerade eine Kochlehre beendet. Er ist Vegetarier und möchte für ein Restaurant in der Nähe von Berlin arbeiten.

요헨 킨스키 - 25세 - 는 막 요리과정을 끝냈다. 그는 채식주의자인데, 베를린 근처의 식당에서 근무하고 싶어 한다.

미니사전

nebenbei 틈틈이, 부업으로
e Kochlehre 요리강습과정
r Vegetarier 채식주의자

부록

불규칙(강변화)동사표

약어설명

불규칙(강변화)동사표

부정사 + 보족어	3인칭 현재	3인칭 과거	조동사+과거분사
backen (D) A	backt/bäckt	backte/buk	hat gebacken
befehlen D A/Inf.	befiehlt	befahl	hat befohlen
beginnen mit/Inf.	beginnt	begann	hat begonnen
beißen A	beißt	biss	hat gebissen
bergen A	birgt	barg	hat geborgen
betrügen A	betrügt	betrog	hat betrogen
biegen A	biegt	bog	hat gebogen
bieten D A	bietet	bot	hat geboten
binden A	bindet	band	hat gebunden
bitten A	bittet	bat	hat gebeten
blasen	bläst	blies	hat geblasen
bleiben 상황	bleibt	blieb	ist geblieben
braten (D) A	brät	briet	hat gebraten
brechen (D) A	bricht	brach	hat gebrochen
brennen	brennt	brannte	hat gebrannt
bringen D A	bringt	brachte	hat gebracht
denken an/über	denkt	dachte	hat gedacht
empfangen A	empfängt	empfing	hat empfangen
empfehlen D A/Inf.	empfiehlt	empfahl	hat empfohlen
empfinden A	empfindet	empfand	hat empfunden
essen A	isst	aß	hat gegessen
fahren-방향/(A)/mit	fährt	fuhr	ist (hat) gefahren
fallen (방향)	fällt	fiel	ist gefallen
fangen A	fängt	fing	hat gefangen
finden A	findet	fand	hat gefunden
fliegen-(방향)/(A)	fliegt	flog	ist/(hat) geflogen
fliehen vor	flieht	floh	ist geflohen
fließen 방향	fließt	floss	ist geflossen
fressen A	frisst	fraß	hat gefressen
frieren A	friert	fror	hat gefroren
geben D A	gibt	gab	hat gegeben

gehen 방향	geht	ging	ist gegangen
gelingen D (Inf.)	gelingt	gelang	ist gelungen
gelten	gilt	galt	hat gegolten
genießen A (Inf.)	genießt	genoss	hat genossen
geraten in + A	gerät	geriet	ist geraten
geschehen D A	geschieht	geschah	ist geschehen
gewinnen (A)	gewinnt	gewann	hat gewonnen
gießen A	gießt	goss	hat gegossen
gleichen D	gleicht	glich	hat geglichen
gleiten	gleitet	glitt	ist geglitten
graben A	gräbt	grub	hat gegraben
greifen (D) A	greift	griff	hat gegriffen
haben A	hat	hatte	hat gehabt
halten A	hält	hielt	hat gehalten
hängen 상황	hängt	hing	hat gehangen
hängen A 방향	hängt	hängte	hat gehängt
heben A	hebt	hob	hat gehoben
heißen (2xN)	heißt	hieß	hat geheißen
helfen D	hilft	half	hat geholfen
kennen A	kennt	kannte	hat gekannt
klingen	klingt	klang	hat geklungen
kommen 방향	kommt	kam	ist gekommen
kriechen (방향)	kriecht	kroch	ist gekrochen
laden A	lädt	lud	hat geladen
lassen A	lässt	ließ	hat gelassen
laufen (방향)	läuft	lief	ist gelaufen
leiden an/unter	leidet	litt	hat gelitten
leihen D A	leiht	lieh	hat geliehen
lesen A	liest	las	hat gelesen
liegen 상황	liegt	lag	hat gelegen
lügen	lügt	log	hat gelogen
meiden A	meidet	mied	hat gemieden
messen A	misst	maß	hat gemessen
misslingen D(Inf.)	misslingt	misslang	ist misslungen

nehmen (D) A	nimmt	nahm	hat genommen
nennen (D) A	nennt	nannte	hat genannt
pfeifen (A)	pfeift	pfiff	hat gepfiffen
preisen A	preist	pries	hat gepriesen
raten D A/Inf.	rät	riet	hat geraten
reiben A	reibt	rieb	hat gerieben
reißen A(in/an+A)	reißt	riss	hat gerissen
reiten (A)	reitet	ritt	ist (hat) geritten
rennen 방향	rennt	rannte	ist gerannt
riechen (A)	riecht	roch	hat gerochen
ringen A	ringt	rang	hat gerungen
rufen A	ruft	rief	hat gerufen
saufen (A)	säuft	soff	hat gesoffen
schaffen A (Inf.)	schafft	schuf	hat geschaffen
scheiden	scheidet	schied	hat geschieden
scheinen	scheint	schien	hat geschienen
scheren A	schert	schor	hat geschoren
schieben A 방향	schiebt	schob	hat geschoben
schießen (A)	schießt	schoss	hat geschossen
schlafen (상황)	schläft	schlief	hat geschlafen
schlagen A	schlägt	schlug	hat geschlagen
schließen A	schließt	schloss	hat geschlossen
schmelzen	schmilzt	schmolz	ist/hat geschmolzen
schneiden (D) A	schneidet	schnitt	hat geschnitten
schreiben (D) A	schreibt	schrieb	hat geschrieben
schreien	schreit	schrie	hat geschrien
schreiten	schreitet	schritt	ist geschritten
schweigen	schweigt	schwieg	hat geschwiegen
schwimmen	schwimmt	schwamm	ist geschwommen
schwinden (D/A)	schwindet	schwand	ist geschwunden
schwören D A	schwört	schwor	hat geschworen
sehen A	sieht	sah	hat gesehen
sein 상황	ist	war	ist gewesen
senden D A	sendet	sandte	hat gesandt

singen (D) A	singt	sang	hat gesungen
sinken	sinkt	sank	ist gesunken
sitzen 상황	sitzt	saß	hat gesessen
sprechen mit D	spricht	sprach	hat gesprochen
springen 방향	springt	sprang	ist gesprungen
stehen 상황	steht	stand	hat gestanden
stehlen (D) A	stiehlt	stahl	hat gestohlen
steigen 방향	steigt	stieg	ist gestiegen
sterben an	stirbt	starb	ist gestorben
streichen A	streicht	strich	hat gestrichen
sich streiten mit	streitet	stritt	hat gestritten
tragen A	trägt	trug	hat getragen
treffen A	trifft	traf	hat getroffen
treten A	tritt	trat	hat getreten
trinken A	trinkt	trank	hat getrunken
tun (D) A	tut	tat	hat getan
vergessen D A/Inf.	vergisst	vergaß	hat vergessen
verlieren A/gegen	verliert	verlor	hat verloren
wachsen	wächst	wuchs	ist gewachsen
waschen (D) A	wäscht	wusch	hat gewaschen
werben um + A	wirbt	warb	hat geworben
werden	wird	wurde	ist geworden
werfen A	wirft	warf	hat geworfen
wiegen	wiegt	wog	hat gewogen
wissen A	weiß	wusste	hat gewusst
ziehen (D) A	zieht	zog	hat gezogen

약어설명

D = 3격 명사구(간접목적어),
A = 4격 명사구(직접목적어)
N = 명사
Inf. = 부정사/원형동사
상황 = 상황부사어
방향 = 방향부사어

독일어권 국가들

Dänemark
Kiel
Lübeck
Rostock
Schwerin
Hamburg
Polen
Niederlande
Bremen
Ems
Weser
Elbe
Oder
Potsdam
Berlin
Frankfurt/O
Hannover
Rhein
Magdeburg
Deutschland
Neiße
Düsseldorf
Leipzig
Köln
Bonn
Weimar
Erfurt
Jena
Dresden
Belgien
Wiesbaden
Mosel
Frankfurt/M
Main
Prag
Luxemburg
Mainz
Würzburg
Tschechien
Neckar
Nürnberg
Saarbrücken
Heidelberg
Moldau
Regensburg
Stuttgart
Tübingen
Frankreich
Augsburg
Donau
Wien
Freiburg
München
Salzburg
Basel
Zürich
Österreich
Liechtenstein
Bern
Schweiz

이성만

독일 트리어대학교 박사
한국텍스트언어학회 회장
한국독어독문학교육학회 회장
현재 배재대학교 교수

저서
텍스트언어학의 이해(공저)
생활독일어(공저)
미디어텍스트화용론
여행하며 만나는 독일어

역서
텍스트언어학의 이해(브링커 지음)
독일어조어론의 새로운 이해(플라이셔 외 지음, 공역)

논문
텍스트언어학과 화용론 관련 논문 100여편

독일어능력시험 Start Deutsch I 완벽대비

스타트 독일어 I

문법 · 회화 · 독해

초판 1쇄 발행 _ 2016년 2월 29일

저 자 · 이 성 만
발행인 · 정 현 걸
발 행 · 신 아 사
인 쇄 · 예지인쇄
주 소 · 서울특별시 은평구 통일로 59길 4 (2층)
전 화 · (02) 382-6411 팩스·(02) 382-6401
홈페이지 · www.shinasa.co.kr
E-mail · shinasa@daum.net
출판등록 · 1956년 1월 5일(제 9-52호)

ISBN: 978-89-8396-932-3(93750)

정가 13,000원